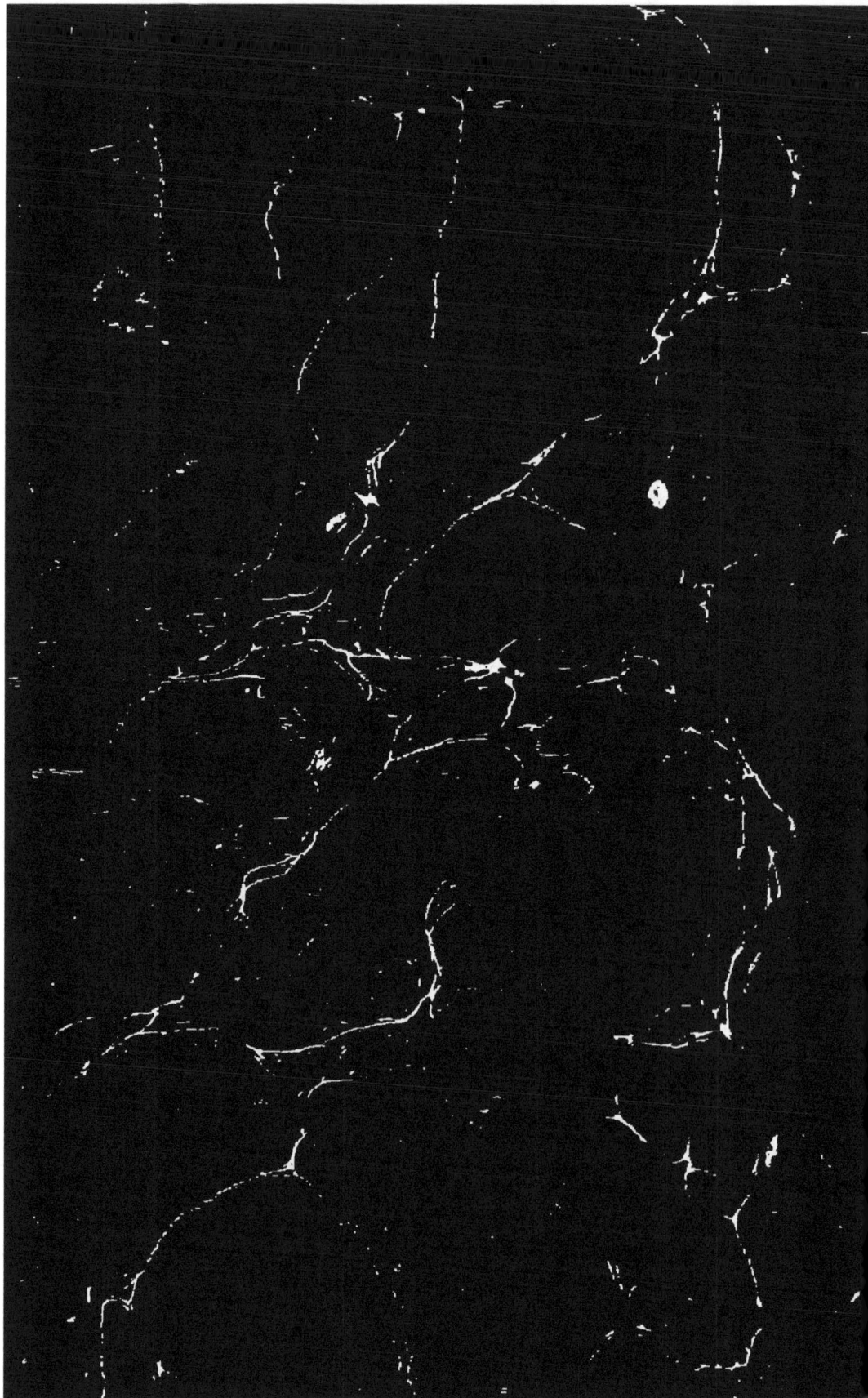

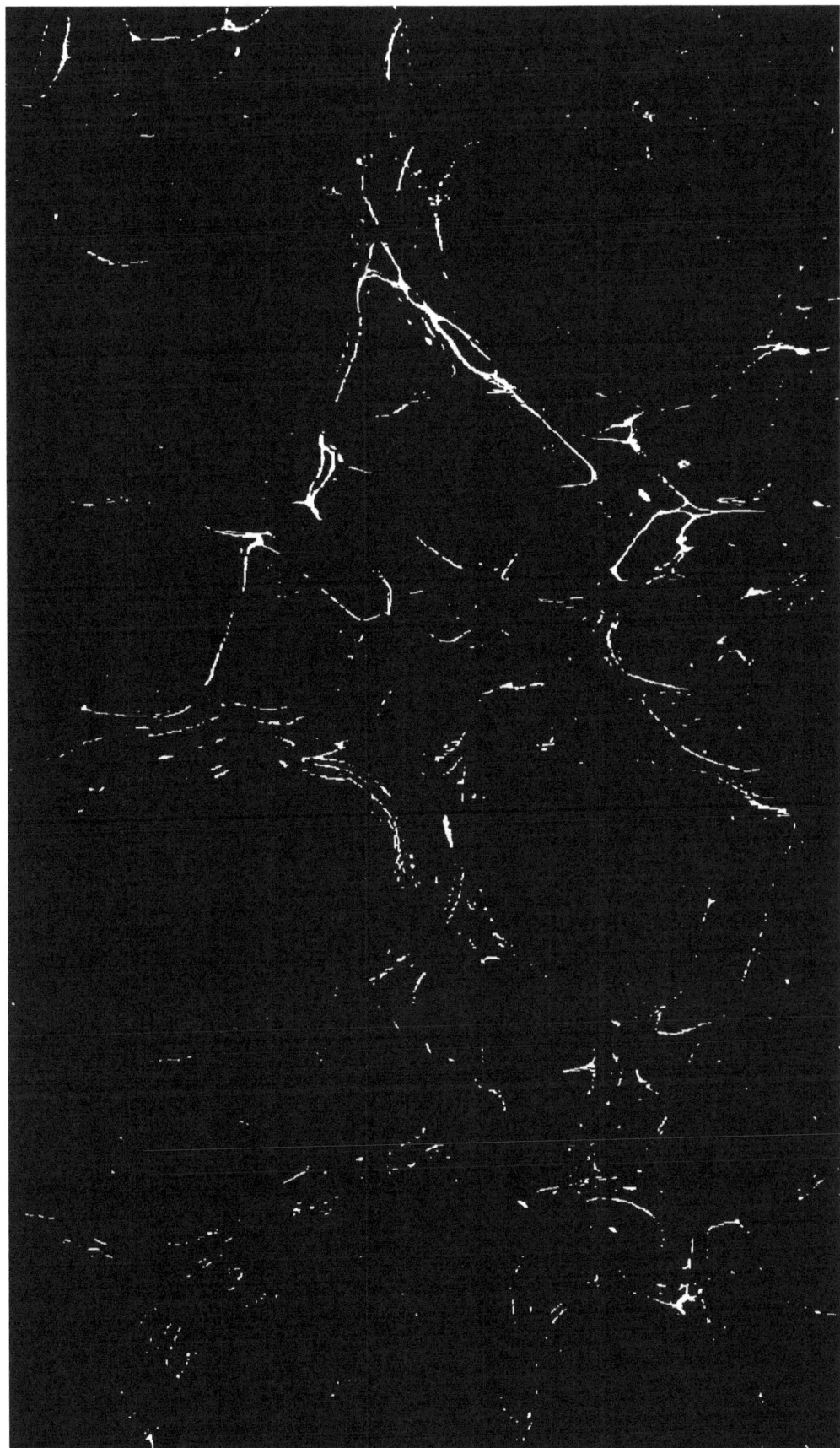

1370

~~g H g~~

MA

REPUBLIQUE

MA

REPUBLIQUE.

AUTEUR, PLATON.

ÉDITEUR, J. DE SALES.

TOME V.

OUVRAGE DESTINÉ A ÊTRE

PUBLIÉ,

L'AN M. D. CCC.

DU DOGME

PHILOSOPHIQUE

DE

L'INSURRECTION.

———

Un orage affreux enveloppait alors la nature expirante : il venait attrister la fin de l'automne, et c'était le dernier dont il fut donné à l'empereur d'être témoin, avant de rendre sa dépouille mortelle aux élémens. Le prince lui-même

Tome V.   A

semblait le pressentir : car dans
un moment où le fracas du tonnerre redoublait, voyant l'Archiduchesse tremblante qui se pressait sur son sein : ma sœur, lui
dit-il, avec une émotion qu'il
tâchait en vain de dissimuler,
la guerre est dans le ciel : mais
la paix va la suivre ; et cette paix
que m'annonce l'affaissement de
mes organes, ne finira jamais
pour moi.

La princesse, toute entière à
l'effroy que lui inspirait l'orage,
n'entendit pas ces sinistres adieux :
elle était déjà sans connaissance,
e. Eponine, pour la rendre à la

vie, fut obligée de la porter dans un autre appartement.

Le péril était passé pour l'Archiduchesse, et le tonnerre grondait encore avec plus de fureur : philosophe, dit l'empereur en souriant, la discorde règne dans la nature : voilà un moment favorable pour traiter la question philosophique de l'insurrection.

J'attendais ausi, répondit le vieillard, que nous fussions tout-à-fait seuls : il est des dogmes, dans la morale des gouvernemens, dont l'austérité est telle, que le sage, jusqu'au moment où le genre-humain serait assez mur pour les adopter, voudrait les cacher à toute la terre et peut-être à lui-même.

J'ai long-temps étudié le dogme si neuf de l'insurrection : j'en voulais faire une des bases de ma république ; et si, en vous exposant mes idées, je m'élève quelquefois à une hauteur que comporte rarement un simple entretien, c'est que plein de mon sujet, je me contenterai alors d'analyser mon ouvrage.

Il me semble, Sire, que dans le monde moral, comme dans

le monde physique, il n'y a qu'une loi qui protège l'existence des êtres : c'est celle, qui, quand ils sont mal, les fait tendre à être mieux.

L'homme physique est il malade? une crise bienfaisante se prépare dans ses veines : et quand l'intempérance ou la médecine ne le tuent pas, la nature le guérit·

L'homme social s'inquiète malgré lui de tout ce qui rend son existence pénible, et il rétablit l'harmonie dans la société, ou il se jette hors de la société.

Un empire n'a pas une autre destinée que l'homme individuel ; l'état de dégénération est pour lui un état contre nature ; il faut qu'à la longue il tombe, ou qu'il se débarasse de tout ce qui circonscrit son énergie, qu'il reprenne un nouvel être par la régénération, ou qu'il soit tué par la conquête.

L'age d'une monarchie annonce au philosophe, si la crise qui termine sa dégénération, est une tendance au mieux ou à la mort ; lorsqu'abrutie par un long esclavage, elle joue avec ses chaînes, il est évident qu'elle a perdu le sentiment de son existence : mais si , avec des organes plus vigoureux , elle lutte contre tout ce qui l'empêche d'être elle-même , elle ne tardera pas à puiser de nouveaux principes de vie ; si elle pèse avec douleur ses chaînes , elle ne tardera pas à les briser.

L'univers social n'a pas d'autres élémens. Depuis que la découverte de l'imprimerie a propagé la pensée , tout y multiplie les crises qui l'améliorent ; le mouvement que l'opinion lui imprime , tend à le débarrasser des gouvernemens cangrénés qui

A 4

troublent son harmonie, comme le mouvement de rotation du soleil sur son axe, débarrasse cet astre des taches qui affaiblissent sa lumière.

Si cette tendance de tout ce qui est mal, à désirer d'être mieux, est une des loix primitives de la nature, aucune institution humaine, eut-elle une révélation pour appui, n'a droit de la contrarier.

De là il suit que l'homme social peut conjurer contre la loi positive qui le courbe vers la fange, armé de la loi naturelle, qui lui rend l'attitude du commandement..

Il en résulte aussi que les hommes d'état, qui ont le besoin généreux de se faire une patrie, ont le droit de conjurer contre les institutions perverses qui consacraient une double tyrannie de la part du trône et de la part de l'autel.

Et quand l'atmosphère des lumières achevera d'envelopper l'Europe, ses états régénérés auront le droit de conjurer, avec leurs institutions philosophiques, contre les codes de sang, qui infestent le reste de l'univers : et cette conjuration pacifique, qui

A 5

ne tend qu'à améliorer le genre-
humain, expiera peut-être le
crime de ces conjurations à main
armée contre le repos des peuples,
si connues sous le nom de conquêtes et de croisades.

Pardon, Sire, si le mot de
crime m'est échappé, en parlant
des conquêtes ; je suis loin de
chercher à flétrir le conquérant
de Belgrade : ce n'était point
pour faire changer de fers aux
Ottomans, mais pour les rendre
libres et heureux que vous leur
déclarâtes la guerre ; vous con-
juriez contre les abus de leur
gouvernement insensé, plutôt

que contre leur repos ; l'unique erreur que l'histoire vous reprochera, c'est d'avoir tenté avec les armes, ce qu'il ne fallait tenter qu'avec les lumières ; encore est-ce moins votre faute que celle du siècle : ni le peuple régénérateur n'était assez mûr pour tramer une si belle conjuration, ni le peuple à régénérer, pour en recevoir le bienfait.

Afin de ne point dénaturer la grammaire de la raison, il faut donner le nom d'insurrection à toutes les conjurations qui tendent à améliorer l'homme, la patrie et l'univers.

Alors le mot odieux de rebellion restera consacré à désigner toutes les atteintes violentes portées aux loix d'un pays, par les factieux dont elles éclairent la perversité.

Cette ligne de démarcation, si essentielle au repos du genre-humain, n'a encore été posée par aucun législateur.

On a vu les fanatiques et les despotes flétrir du même nom de rébellion, toute résistance soit au pouvoir légitime, soit aux crimes du trône et du sacerdoce.

D'un autre côté, les fanatiques

de la liberté française, décorent aujourd'hui également du nom d'insurrection, et les fruits du courage et ceux de la licence : ils appellent à la même gloire les hommes généreux qui se sont créé une patrie, et les héros abominables de la nuit des régicides.

Cependant malgré les nuages répandus à dessein sur cette base des gouvernements, il est évident que, soit du côté des principes, soit du côté des effets, une barrière éternelle sépare une insurrection généreuse du crime de la rébellion.

L'insurrection ne se manifeste que dans l'absence des loix, ou du moins durant leur sommeil : la rebellion frapppe tantôt la loi, tantôt le dépositaire de la loi ou le législateur.

L'homme vertueux s'élève un moment contre l'autorité, pour la rendre ensuite respectable á jamais : le factieux se révolte contre elle, pour l'anéantir et régner à sa place.

Tous les deux conjurent, pour changer un gouvernement où ils sont mal : mais le premier ne veut que substituer l'harmonie de la nature à un mauvais ordre social : l'autre veut substituer le despotisme de ses passions à l'empire raisonné de la société et de la nature.

L'insurrection s'annonce avec l'esprit de paix, résiste au despotisme, parce qu'il anéantit la paix, et ne prend les armes que pour forcer ses ennemis à la paix.

La destruction, le ravage et la mort, sont l'élément de la rébellion ; elle ne s'arrête que lorsque le pouvoir n'est plus, ou qu'elle même est punie de ses crimes.

Toute cette théorie a été jusqu'ici embrouillée, méconnue, parce que la plupart des législateurs, étaient presqu'aussi barbares que les peuples qu'ils voulaient civiliser, et que ceux qui ont eu du génie, se sont défié de l'ascendant des lumières sur la multitude.

Ils n'ont pas vu qu'il existait deux léviers, avec lesquels l'homme supérieur pouvait remuer le monde social, le pouvoir et la raison.

Ils se sont contentés d'organiser le pouvoir, parce que c'était la

seule force qui frappât l'homme
au berceau des sociétés , et
quand ce pouvoir se trouva assis
sur le trône , siègeant dans un
sénat , ou errant parmi les flots
du peuple dans une place publique , ils créérent , pour le
rendre respectable , le crime de
lèze-majesté ; ils voulurent qu'il
fut sacré non - seulement pour
l'audace , mais encore pour la
raison.

Et tel a été , à cet égard , le
despotisme des législateurs , que ,
quelqu'insensés que pussent être
leurs codes , ils ont exigé des
peuples une obéissance passive ,

au pouvoir chargé de les faire exécuter.

Moyse est venu : il a eu l'insolente franchise de dire aux Hébreux : je vous ai donné des loix qui n'étaient pas bonnes ; et en même temps, il a voulu que le fer, le feu, et tous les supplices les plus recherchés fussent la sauvegarde du pouvoir, qu'il confiait aux chefs du peuple saint et à ses pontifes.

Cependant il pouvait se trouver, même parmi des hordes barbares, quelques hommes courageux, qui, s'indignant des chaînes que leur forgeait le pouvoir, se permettraient d'examiner s'il avait le droit de créer le juste et l'injuste et de mettre en contradiction la loi et la nature.

Alors plusieurs législateurs ont fait intervenir le ciel pour sanctionner les jeux sanglants ou stupides de leur imagination : Moïse a dit : Jehovah m'a parlé au milieu de la foudre et des éclairs, sur le Mont-Sinaï; Sertorius a eu la faiblesse d'attribuer son code à sa biche, Mahomet à son ange Gabriel, et Numa à son Egerie ; et ce globe, après quelques siècles, a vu qu'il lui étoit impossible de secouer le joug des mauvaises loix ; parce qu'il s'était laissé imposer le joug bien plus terrible encore des révélations.

Ce double fléau n'aurait point parcouru la terre , si , depuis environ cent siècles que nous la connoissons par les monumens de l'histoire , les fondateurs de la société avaient fait marcher d'un pas égal la raison et le pouvoir.

Cet oubli de la raison étoit d'autant plus étrange , que tout législateur avait été obligé de la consulter , pour organiser le pouvoir.

Il était d'autant plus injuste, que c'était condamner les peuples, à l'avènement des lumières, à faire divorce avec leur intelligence, pour n'être point forcés à l'attentat sublime d'abbatre le pouvoir.

Nous marchons, Sire, à pas précipités, vers les résultats de notre théorie. C'est en dissipant peu-à-peu les nuages entassés par les préjugés politiques et religieux, que nous verrons le grand jour de la vérité éclairer par dégrés la scène, où j'ai placé la révolte et l'insurrection.

Le fil de mes principes con-

duit à établir que, malgré l'impéritie des législateurs et l'hypocrisie des oracles, la raison seule
peut juger en dernier ressort,
et les loix et les religions.

Ainsi, quand un code politique
ou un culte sacré ne peuvent
soutenir les regards de la raison,
le pouvoir qui les protège est une
insulte à la nature humaine; et
s'il y a du péril, il n'y a du moins
aucun crime à les renverser.

Cette théorie est sévère, sans
doute, mais elle n'entraîne ni
assassinats, ni guerres, ni anarchie, parce qu'elle ne permet de
frapper les premiers coups à un

pouvoir usurpateur qu'avec les armes pacifiques des lumières.

Et quand on s'allarmerait des suites de la résistance au pouvoir, il n'en est pas moins vrai qu'il existe dans la nature de l'homme social, un droit inaliénable qui légitime l'insurrection.

Ce droit lui vient de ce que sa raison lui indiquait le besoin des loix, avant qu'il y eut des loix; de ce qu'avant qu'il existat un pouvoir, il avait une intelligence.

J'ajouterais encore une autre considération non moins philo-

sophique, si, traîné à un tribunal de sang, pour avoir résisté
à un pouvoir oppresseur, j'étais
contraint de descendre à cette
apologie ?

« Lorsque mon intelligence,
» en se développant, m'a ouvert
» les portes de la société, je me
» suis engagé, avec la patrie, à
» la protéger de ma force indivi-
» duelle, à condition qu'elle me
» protégerait de toute la force
« publique dont elle est déposi-
» taire; où ce contract n'a point
» été dressé, et alors vous n'a-
» viez rien à me commander : où
» après l'avoir été, vous l'avez

» violé; et alors, j'ai eu le droit
» de vous désobéir.

» Il était stipulé, du moins
» tacitement, dans ce contract,
» que tout ce que je tiens, soit
» de la nature, soit de mon tra-
» vail, soit des conventions so-
» ciales, serait respecté; or, y
» eut-il jamais pour moi de pro-
» priété plus pure que celle de
» mon intelligence, que des ty-
» rans politiques et des brigands
» sacrés veulent me ravir?

» Des esclaves-nés, pourront
» me dire que la loi royale em-
« pêche le Dannemarck d'appar-

Tome V.   B

» tenir à lui-même ; qu'un Mo-
» narque Espagnol ne tient que
» du ciel sa couronne; que je dois
» me prosterner devant l'Eunu-
» que Ottoman , qui , après avoir
» tenté de déshonorer mon
» Éponine , vient me demander
» ma tête : et il sera interdit à
» ma pensée de se jouer de pa-
» reils sophismes ! Des Pontifes
» imposteurs me soutiendront
» qu'un Dieu est mort, et que
» le grand Lama est immortel ;
» et je ne pourrai, sans exposer
» ma vie , foudroyer de pareils
» blasphêmes dans ma républi-
» que !

» Il est vrai que j'ai résisté au
» pouvoir, lorsqu'il m'a ordonné
» d'être absurde et méchant ;
» mais c'est parce qu'antérieu-
» rement à toutes les conventions
» sociales, la logique prescrivait
» à l'homme de raisonner juste,
» et la conscience de ne céder
» qu'à la vertu.

» J'ai rempli mes conditions,
» dans le pacte que j'ai fait avec
» ma patrie, en consacrant ma
» tête à l'éclairer, et mes bras à
» la défendre; mais la patrie a
» violé les siennes, en voulant
» flétrir mon ame et mutiler
» mon intelligence.

B 2

» Le pouvoir ne m'a pas laissé
» le tems de fuir une patrie qui
» dévorait ses citoyens ; il m'a
» fait un délit de n'avoir point
» prostitué ma pensée : le con-
» tract social une fois rompu ,
» nous étions deux ennemis en
» présence ; il n'y avait entre lui
» et moi , ni magistrat ni média-
» teur : je l'ai puni par mon in-
» surrection ».

Telle eut été, Sire, la substance de mon apologie, si, flétri
par un Aréopage prévaricateur ,
pour avoir été homme plutôt que
citoyen, j'avais préféré la lutte
utile de la raison contre le pou-

voir, à la stérile gloire de boire, dans une prison, la cigüe de Socrate.

L'insurrection est donc, par sa nature, un acte légitime; elle annonce que s'il existe, dans un état, un pouvoir essentiellement pervers, il sera éclairé par des hommes plus que citoyens, qui indiqueront à la nation les moyens de le renverser.

Cette doctrine, je le sais, contrarie tous les préjugés avec lesquels une centaine d'individus couronnés gouvernent la terre; mais s'il fallait citer des autorités dans une matière où la raison n'a besoin que de son suffrage, je trouverais, en rassemblant quelques traits épais, dans l'Histoire Grecque, que plus d'un homme de génie, dans l'antiquité, a si non enseigné, du moins pressenti, le dogme philosophique de l'insurrection.

Lorsqu'on demandait à Solon quel était le meilleur gouverneur, et que ce grand homme répondit : Celui où chaque citoyen regarde l'injure faite à ses concitoyens comme la sienne, et la venge : était-il possible de se méprendre sur le sens de ce mot sublime ? Le législateur d'Athènes ne mettait-il pas évidemment la nature en opposition avec la loi ? En légitimant, de la manière la plus solemnelle, la vengeance publique, ne disait-il pas, en d'autres termes, que quand le pouvoir est oppresseur, la vertu a droit de conjurer pour l'anéantir ?

Les antiques institutions de la Crète, manifestaient encore plus clairement la justesse de cette doctrine ; nous apprenons, par le célébre précepteur d'Alexandre, qu'elles autorisaient le peuple, quand ses magistrats ten-

daient à la tyranie, à les chasser
avec ignominie de la place publique : ici la résistance est con-
sacrée par la loi, tandis que dans
l'anecdote précédente, elle ne
l'est que par le suffrage d'un
grand homme.

Au reste, il faut dénaturer
l'idée de gloire, et renverser de
leurs bases une foule de statues
qui sont en possession de nos
hommages, si à chaque pas qu'on
fait dans les monumens de l'histoire, on ne rencontre pas des
héros de l'insurrection.

N'est-ce pas dans cette classe
qu'il faut mettre ces hommes

magnanimes, qui ont arraché leur pays à un pouvoir prévaricateur, les Dion, les Brutus et les Pélopidas? Ceux qui, pour maintenir la patrie debout, ont fait taire le cri le plus impérieux de la nature; ce Timoléon, qui égorge son frère, pour assurer à Corynthe son indépendance; ce Virginius qui. le couteau teint du sang de sa fille, appelle Rome à la destruction du Décemvirat; ce Caton d'Utique qui, ne voyant au tour de lui que des esclaves, répond à César, qui lui offre sa grace, en se déchirant les entrailles?

Et ces héros, des ages modernes, que la reconnoissance des peuples qu'ils ont rendus libres à divinisés, ne doivent-ils pas leur apothéose à l'insurrection? Nassau, avant d'arracher la Hollande à la mer, ne l'a-t-il pas arrachée à la tyrannie de l'Espagne? la Suisse, qui s'énorgueillit de Guillaume Tell, serait encore à l'Allemagne, si vos ancêtres, Sire, avaient eu la philosophie de Marc-Aurele ou la vôtre; c'est parce que l'Angleterre a voulu traiter ses colonies, comme Lacédémone traitait ses Ilotes, que ce monde dégénéré compte un héros de plus, le sage Wasington.

En un mot, s'indigner de tout ce qui contrarie la grande chartre des droits de l'homme, que la nature à écrite dans nos cœurs, éclairer du flambeau de la philosophie tous les genres d'oppression, appeller la force publique, pour écraser les tyrans sous les débris de leur propre grandeur, a été, depuis le berceau des monarchies, l'appanage de tout ce qui naquit, avec une ame élevée, et le vrai titre des bienfaiteurs des hommes à la célébrité.

Cette théorie de l'insurrection semble, dans sa généralité, à l'abri de toute atteinte; mais quand on veut descendre à l'application des principes, le sage se trouve arrêté à chaque pas; il sent qu'en abbattant un pouvoir injuste, il court le risque d'abbattre le système des loix; il voit le vaisseau de la république renversé du côté du despotisme, et il s'expose, en lui donnant, avec violence, une autre direction, à le renverser du côté de l'anarchie.

La faute, comme je l'ai déjà fait pressentir, en est toute entière
aux

aux législateurs. Aucun d'eux ne s'est avisé de classer les crimes du pouvoir, de légitimer la résistance à des institution perverses, de marquer les nuances par lesquelles l'homme de bien doit passer, pour arriver du murmure à l'insurrection.

Les instituteurs des nations ont été a cet égard plus despotes que les tyrans qu'ils détrônaient; car ils ont asservi trente générations d'hommes a leur opinion, ce qui était encore plus odieux que de tourmenter ses contemporains avec son épée; ils ont voulu donner l'éternité à des codes, qui, nés d'ordinaire des besoins du mo,

ment, ne devaient pas leur sur-
vivre ; lorsque tout leur disait
dans la nature, que rien ne se con-
serve que par l'équilibre de deux
forces, repoussant les lumières
qui leur dictaient leur loix, ils ont
cru régir le genre humain avec le
seul pouvoir, comme Archimède
avec un seul levier voulait remuer l'univers.

Si , descendus des hauteurs
non de leur génie , mais de leur
orgueil, ils avaient voulu compo-
ser avec cet entendement humain
dont ils craignaient la trop grande
influence : s'ils avaient circonscrit dans de sages limites les deux

souverains-nés du monde social :
s'ils avaient dit, là le pouvoir céde-
ra aux lumières, là les lumières
fléchiront sous le pouvoir, ils auraient souvent épargné aux peuples le crime qui enfreint la loi,
et le crime qui la venge : ils ne
mettraient pas encore aujour-
d'hui les sages de l'Europe dans la
position humiliante, de ne sca-
voir s'ils ont fait un crime ou un
acte de vertu, que par le succès
de leur insurrection.

Tous les philosophes ont les
yeux fixés sur l'assemblée nationale de France : fondée par les
lumières, j'aime à croire qu'elle

ne sera point ingrate ; elle leur rendra sans doute ce partage d'empire que les Moyse, les Dracon, et les Justinien leur ont ôté ; elle posera entre elles et le pouvoir, une ligne de démarcation qui assurera l'éternité à ses loix, et grace à la maniere lumineuse dont elle résoudra le beau problème de l'insurrection , j'épargnerai à ses membres l'opprobre d'être cités dans mon chapitre, DE LA TYRANNIE DES LÉGISLATEURS.

Je ne sçais , Sire , mais il me semble que je me suis livré a une vraie insurrection contre les instituteurs de la terre : j'ai donné

le précepte et l'exemple à la fois;
j'ai prouvé qu'on pouvait conspirer contre les pouvoirs les plus sacrés quand ils étaient oppressifs, et j'ai été conspirateur.

Mais quelle foule de questions vont naître de cette idée génératrice, que quand on conspire pour le bonheur des hommes, la gloire augmente en raison du danger de l'insurrection !

Le premier problème qui se présente, regarde l'époque où il est utile de résister au pouvoir. Il me semble qu'il y à de la démence à attendre qu'un scèptre d'airain,

C 3

ait abruti une nation entiere pour le briser ; c'est laisser dessécher la derniere sève de l'arbre avant de le redresser ; c'est après la mort du corps politique , appeller le médecin.

Si, avant les tems désastreux de la décadence de la Grèce , une insurrection généreuse avait remonté les ressorts de ses républiques , croyez vous que le patriotisme d'un Phocion , aurait été réduit a boire la ciguë de Socrate ?

Si la nuit où furent dressées au Capitole les premieres tables de proscriptions ; l'épée de Damoclès suspendue par un fil au-dessus de la tête de tous les tyrans, avait délivré la capitale du monde, de ce farouche Sylla, sans qui les tigres des deux Triumvirats n'auraient jamais été déchaînés, est-il vraisemblable que Rome sans énergie, aurait laissé disparaître la race de ses héros, et qu'après s'être vûe déchirée lentement dans les repaires des Césars, elle aurait fini obscurement par mourir sous les Papes?

C'est donc quand il y a encore de la sève dans le cœur des citoyens, qu'il faut revivifier la Patrie; résister au despotisme quand

on est seul , c'est la vertu du désespoir ; tenter une insurrection ,
quand un état dégradé se renver-
se sur lui même , ce n'est pas le
auver, c'est s'ensevelir sous ses
ruines.

Mais, dira une prudence pusilla-
nime , quand un gouvernement
n'est pas évidemment corrompu
dans ses principes , l'antiquité de
ses abus ne lui donne-telle pas un
droit pour y persévérer ? ou sont
les titres de toutes les puissances
le l'Europe , si ce n'est dans cet-
le antiquité qui les entoure du
eliov imposant des religions ? au
défaut de bonnes loix, qui ne'exis-

tent peut-être que dans les livres des philosophes , la prescription ne doit elle pas être la sauve-garde des empires, contre les attentats de l'insurrection ?

Mais dans les hautes spéculations , sur lesquelles repose la tranquillité de la terre , il ne s'agit pas d'être prudent, mais d'être juste. Je ne crois pas , Sire , que la prescription , qui peut être un mal nécessaire pour des individus, doive avoir lieu pour les gouvernements. La mobilité d'existence, dans un corps de citoyens qui se renouvellent sans cesse , amenant nécessairement la mobilité

C 5

des fortunes, il est tout simple qu'une loi civile, en fixant un terme aux réclamations contre les ravisseurs, prévienne les discordes éternelles des familles : mais un état n'est pas composé des mêmes éléments ; la stabilité semble son essence ; des siècles s'écoulent entre sa jeunesse et sa décrépitude ; l'antiquité des abus dans un gouvernement ne sçaurait donc constituer un droit pour le pouvoir qui les protège, comme l'antiquité de la jouissance la fait tolérer dans la famille d'un usurpateur.

D'ailleurs on ne possede pas sa

dignité d'homme, au même titre que sa fortune ; le sage à qui une loi civile enlève son patrimoine, du moment qu'il a le courage de le dédaigner, n'a rien perdu ; mais que reste-t-il à l'infortuné à qui le despotisme commande de répudier la nature, à qui un Sacerdoce intolérant, enjoint de faire divorce avec son intelligence ?

Plus un gouvernement repose sur d'antiques erreurs, plus aux yeux de la morale universelle, il à d'attentats à expier ; lorsqu'ensuite l'excès de l'oppression appelle l'indépendance, la raison

C 6

aussi impitoyable que le Jéhovah
des Hébreux, à droit de demander compte au pouvoir, des délits que trente générations ont accu-
mulés ; et s'il ne concourt pas
à un nouvel ordre de choses, l'intérêt du genre humain, plus fort
que de vaines institutions sociales,
lui enjoint de l'écraser sous le
poids d'une insurrection.

La force de l'insurrection doit
se mesurer, non seulement sur
l'antiquité des abus qu'elle veut
détruire, mais encore sur le caractère des peuples qu'elle se propose de régénérer. Lorsqu'une
monarchie ne renferme dans son

sein que des hommes inquiets,
actifs, naturellement indociles au
joug, il ne faut que remonter le
ressort de la machine politique
pour la faire marcher : mais si la
nation est immobile dans ses préjugés, semble inaccessible au con-
tact des lumières, a contracté
l'apathie que donne un long esclavage, il ne faut pas s'amuser à
démonter quelques pignons, à po-
lir quelques rouages, la machine
ne vaut rien et il faut la briser.

Cette considération explique
comment la révolution Française,
l'ouvrage de trois jours de patriotisme, s'est consolidée en quel-

ques mois , au point de défier l'atteinte des siècles. Montagne, Bayle , Voltaire , le citoyen de Genève et Montesquieu , avaient mis tous les esprits en effervescence; Paris sur-tout, le foyer des lumières , n'était qu'un amas de substances combustibles ; à la première étincelle qui a éclaté, l'explosion s'est faite et la monarchie entière, préparée par deux cents ans de philosophie , s'est trouvée en insurrection.

Mais si jamais des états courbés de tems immémorial sous le double joug de la monarchie absolue, et du sacerdoce , des états tels que l'Espagne, le Portugal, et la Rome des Papes tentent de se revivifier, il faudra dabord préparer, pendant un grand nombre de générations, la multitude à recevoir le bienfait des lumières, avant que d'anéantir le pouvoir qui osait les rendre criminelles; l'insurrection Française sur les bords du Tibre, à Madrid, et à Lisbonne, ne serait, en ce moment, qu'un moyen d'y faire couler à torrents un sang inutile; la philosophie, dans cette nuit profonde d'ignorance et de crédulité, ne ferait luire son flambeau terrible autour des opprimés, que pour indiquer aux oppresseurs , les moyens de river leurs fers.

Quelques gouttes d'un sang généreux coulent encore dans les veines Jtaliennes , Portugaises et Espagnoles ; mon Éponine avant d'aller retrouver les Arrie , les Lucrèce et les Zénobie , peut espérer de voir la masse entière de ce sang se régénérer ; mais que dire de cet empire Ottoman , que l'épée d'un chef de secte a fondé , dont le despote règne en Vice-Dieu , jusqu'a ce que le cimeterre d'un Janissaire , où d'un Eunuque , lui apprenne qu'a peine il est homme, où la piété pros-

crit toutes les lumières , et la politique outrage tous les cabinets
de l'Europe? assurément le corps
social tout entier y est a l'épreuve
d'une insurrection : l'habitude
d'être mal , y a perverti jusqu'au
sentiment du bien-être ; le peuple
se souleve , mais c'est pour changer de maîtres ; on conjure contre
le trône , et jamais contre les mauvaises loix. De tels gouvernements , ne peuvent aspirer à des
réformes partielles , parceque
l'ensemble même des institutions
n'y est qu'un grand préjugé ; c'est
là que, si une convention nationale pouvait exister , il lui serait permis de tout abbattre , afin de tout

créer ; c'est là que l'homme de bien , voyant le corps politique cangrené jusques dans la région voisine du cœur , devrait par patriotisme même , invoquer le remède effrayant de la conquête.

Il m'en coute , Sire , de vous présenter ainsi , sous le point de vûe le plus sauvage , quelques tableaux pittoresques de l'insurrection : mais vous avez désiré que mon pinceau ne fut que vrai , et je n'ai point cherché à affaiblir les teintes de ma palette ; maintenant descendons de ces roches suspendues des Alpes , que nous n'admirions qu'avec effroy , et

cherchons sur la pente des mon-
tagnes du second ordre, quelques
sites romantiques, dont l'aspect
riant nous reconcilie avec la
nature.

J'ai tonné long-tems contre le
pouvoir oppresseur, et je ne m'en
repens pas ; je cédais au cri de
mon cœur qui s'indigne de tout
ce qui met la force aux prises
avec la faiblesse ; mais enfin ce
pouvoir n'est point essentiellement un attentat contre la liberté
de l'homme ; il est le résultat des
conventions des sages, et par là il
devient le pivot autour du quel
tourne le monde social ; il existe

donc, pour l'empécher d'être des-
tructeur, un mode qui allie la cir-
conspection au courage , et c'est
ce mode qui caractèriserait à mes
yeux la philosophie des légis-
lations.

Il me semble dabord que, pour
légitimer l'insurrection , il faut
un de ces attentats du pouvoir, si
évident à tous les yeux , que le
machiavélisme même se refuse à
son apologie ; tels furent dans
Rome le viol de Lucrèce, par un
Tarquin , et le complot pour la
prostitution de Virginie tramé
par le décemvir Appius : ici tout le
monde sent que la morale étant

antérieure aux sociétés , frapper le pouvoir , c'est moins blesser l'ordre social qu'obéir a la nature

Il est aussi une sorte de délit contre la paix intérieure d'un état, qui provoque de la part des peuples la plus juste des résistances ; je mets dans ce rang la révocation de l'édit de Nantes, qui couta a la France l'exil où la mort de deux cents mille hommes ; mais ce n'était pas du coté des Protestants, c'était du coté des Catholiques, que devait éclore le germe généreux d'une insurrection ; l'opprimé qui se défend dans une monarchie absolue, à trop l'air d'un rebelle, il faut que ce soit le citoyen même qu'on arme pour être oppresseur, qui se justifie envers le ciel en frappant le pouvoir.

Les conjurations des héros guerriers contre le repos de la terre, appellent encore, dans un siècle de lumières, les foudres de l'insurrection : assurément ce ne serait pas dans cet age de philosophie, qu'un Alexandre demanderait à Jupiter la création d'un monde nouveau, aflin d'avoir la gloire de le conquérir ; qu'un Philippe II, ferait de l'Amérique un désert, pour le soumettre à son évangile ; qu'un Louis neuf ferait périr toute sa noblesse aux Croisades , dans le dessein de mériter les vains honneurs d'un apothéose. Tous ces complots d'illustres brigands , en leur supposant des chefs , ne trouveraient point des complices ; la raison a tellement imprimé son sceau sur ces crimes héroïques, que si on demandait cinquante mille bras pour les éxécuter, il s'en éleverait cent mille pour les punir.

Je vais plus loin ; parmis les actes du pouvoir arbitraire, j'en connais qui , sans amener l'effusion du sang , flétrissent tellement la dignité de l'homme qu'il ne sçaurait se relever que par une insurrection. Celui des Césars qui voulut faire son cheval Consul, Charles X II, qui proposait au sénat de Stockolm, de lui envoyer sa botte pour gouverner la Suède, par ces traits deshonorants de démence, étaient censés abdiquer la couron' ne ; et leurs peuples, dans l'interrègne, se trouvaient réintégrés naturellement dans l'exercice de la souveraineté.

Rome, rentrait encore plus légitimement dans ses droits usurpés, lorsque Caligula désirait que ses citoyens n'eussent qu'une seu-

le tête, affin de l'abbatre d'un
seul coup. Ce vœu abominable s'il
n'avait pas été conçu par la fréné-
sie, ne pouvait être expié que par
un coup de poignard.

Ces grands attentats des chefs
de la société, qui font de la résistance le plus saint des devoirs,,
jettent une nouvelle lumière sur
la solution d'un problême, que
j'ai déja tenté de soumettre á
l'examen ; d'un problême, qui,
quoique d'un grand intérêt pour
le genre humain tout entier, n'a
pas même été pressenti par les législateurs.

Nous venons de voir, que l'hom

me, individuellement, devait résister au pouvoir, quand il n'a-
vait que l'alternative, où de blesser la politique, où d'outrager sa
conscience : il partait alors du
principe éternel, que la morale
existe avant les conventions sociales, et qu'on est homme avant
d'être citoyen.

Mais ce n'est pas seulement
l'homme individuel qui constitue
l'ordre social ; il existe encore
de grandes familles connues sous
le nom de hordes errantes, de
monarchies, où de républiques,
que le droit des gens a unies par
une confédération d'intérêts ; de

rapports , et qui par l'infraction
solemnelle du pacte qui les lie ,
doivent se trouver naturellement
en insurrection.

Une loi de Moyse soumettait a
l'anathème , et parconséquent à
la destruction , toute nation qui
ne se faisait pas circonscrire. Ce
délit contre la morale universelle
anéantissant le droit des gens , il
était permis à l'Asie entière de
conjurer contre le peuple de
Dieu , de l'exterminer.

Rome république avait des institutions atroces , qui lui faisait
regarder comme ennemi-né ,

D 2

tout ce qui avait le malheur d'être
son voisin. C'est, d'après ce ma-
chiavelisme, qu'elle cassait tous
les traités qui n'étaient pas le fruit
de ses victoires, et que Caton, un
de ses héros, n'opinait dans le sénat que pour renverser Carthage.
Assurément les peuples menacés
par cette théorie de sang, avaient
bien le droit de conspirer contre
les brigands, à qui elle était due,
et il ne fallait pas qu'ils attendis-
sent de se voir addossés aux limites du monde, pour refluer sur
Rome, et l'empécher d'en être la
capitale.

Le droit des peuples de conjurer contre les états, dont la législation menace leur indépendance, amène la seule apologie raisonnable de la guerre offensive, de cette guerre qui semble violer toutes les institutions sociales, qui met la force à la place de la loi, et qui coupe avec l'épée des brigands, ce qu'il fallait dénouer avec la raison des philosophes.

Il est vrai qu'ne pareille guerre n'est, dans l'examen le plus réfléchi, qu'une guerre défensive ; on ne s'y arme pas pour conquérir, mais pour éviter la conquête ; on n'y cherche pas à couper la tête d'un corps politique, mais à paralyser ses bras, quand ils se lèvent, pour anéantir autour d'eux toutes les Patries.

Il résulte de ces considérations philosophiques, que dans toute violation du pacte social, l'action doit être suivie de la réaction.

Comme l'homme individuel résiste légitimement à un pouvoir qui prévarique, des états opprimés, ont de leur côté le droit de conjurer contre un état oppresseur. L'insurrection semblerait donc une des clefs de la morale, ainsi que la gravitation est celle de la nature.

Voyez, Sire, comme dans ce Labyrinthe de la politique, toutes les issues se développent sans peine ; c'est que j'ai le fil d'Ariane dans les mains ; et ce fil tient, par une de ses extrémités, à deux colonnes numéraires, qu'il est difficile au tems d'ébranler ; l'une indique le PACTE SOCIAL, et l'autre les TROIS MORALES, fondemens de ma RÈPUBLIQUE.

Ramenons maintenant nos regards sur les moyens que la philosophie indique, pour sauver à un état les secousses, qui dégraderaient à ses yeux le bienfait d'une insurrection.

L'intérêt social exige dabord ;
comme nous l'avons vû, une grande infraction de la morale , de la
part du pouvoir , pour authoriser
l'homme qui obéit à briser dans
les mains de l'homme qui commande , le ressort de la force publique , qui semble la sauve-garde
de tous les gouvernements.

Lorsqu'un pouvoir oppresseur
ne s'acharne que sur une victime,
c'est à elle seule à donner à la Patrie le signal de l'insurrection,

La résistance des citoyens opprimés , doit être fière , comme
le sentiment de l'indépendance ,

mais en même tems, froide comme la loi qu'elle interprête ; elle doit naître de l'attitude ferme et imposante que donne la vertu, plutot que des mouvements impétueux et convulsifs, que détermine la vengeance ; elle doit déployer devant le tyran, le bouclier qui la protège, et non l'épée qui pourait le mettre à mort.

Cet esprit de paix, dans un moment où touslesliens de lasociété sont à la veille de se dissoudre, annonce l'avènement de la raison, qui ne conjure jamais que pour empêcher les hommes qu'elle éclaire, de s'entredétruire.

Il peut être utile au pouvoir, qui à le tems de reculer, à l'approche de l'orage qui le menace ; ce qui sauve à un état, déja mal affermi sur sa base, le danger d'être froissé quelque temś entre la loi et la nature.

Cette modération philosophique, est encore plus surement utile à l'opprimé : car, derriere lui, ces hommes magnanimes, que Solon appelle à la vengeance de l'injure de leur concitoyens, sont en sentinelle; plus le pouvoir pésera sur un sage, qui ne se défend qu'avec la conscience de sa probité, plus il précipitera

le signal effrayant de l'insurrection.

Le grand principe , qu'il faut
toujours lutter sans armes avec le
pouvoir, ne souffre de modifica-
tion, que lorsque le glaive étincel-
lant sur la tête de l'opprimé, l'oppresseur qui le réduit à l'état de
défense naturelle , semble lui
dire : FRAPPE , OU MEURS ; je sçais
qu'alors l'homme sublime sçait
mourir ; mais l'homme qui ne
veut être que juste , frappe , et
n'est point un assassin, aux yeux
de la morale.

Seulement la philosophie exi-

ge de Brutus , qu'il n'y ait rien
de prémédité dans sa vengeance ;
il faut que la foudre frappe le
tyran avec l'éclair ; ou bien l'honneur ne met d'autres différence ,
que le succès , entre la force qui
protége la tyrannie , et la force
qui l'anéantit.

Je désirerais encore , que le
trait destiné à punir l'oppresseur ,
ne s'égarât pas sur des têtes étrangères à la tyrannie . Il m'a toujours paru extraordinaire que
Lucrèce et Virginius , se punis-
sent eux mêmes des attentats de
leurs tyrans ; que l'ennemi du
Décemvirat, au lieu de poignar-
der

der Appius, égorgeât sa fille ; que l'héroïne de la pudeur préférât au meurtre de Tarquin, la gloire un peu suspecte du Suicide.

Lorsque le despotisme ne mine que lentement l'édifice social, ce ne sont plus les individus, mais les corps dépositaires du simulacre des loix, qui doivent arborer le drapeau de l'insurrection.

Ils étaient bien étrangers à tous les grands principes d'économie sociale, ces Parlemens de France, qui, avant la révolution

Tome V. E

qui les a si justement anéantis , ne
sçavaient opposer une barrière au
pouvoir absolu, qu'en abdiquant
la magistrature ! infidelles par
orgueil à leur serment de rendre
la justice aux peuples , ils ne
les consolaient de l'oppression
du trône, qu'en les jettant de
leurs propres mains dans l'anarchie : ils mettaient de la dignité
à doubler les maux de la nation,
parce que la nation mettait de
l'opiniâtreté à les croire seuls
capables de les faire disparaître.

Cependant, lorsque les inter-
prètes des loix se taisent, lorsque les corps intermédiaires son

sans énergie, il faut bien que
tous les individus éclairés d'une
grande nation se coalisent pour
empêcher le torrent du despotisme de se déborder. Cette
ligue terrible, n'a rien qui al-
larme la morale, lorsqu'elle ne
se forme qu'à la suite de grands
attentats du pouvoir absolu,
lorsqu'elle supplée au silence
coupable des corps d'administrateurs, et lorsque, brisant d'un
bras vigoureux la hache de la
tyrannie dans les mains de ceux
qui gouvernent, elle ne met pas
à mort les gouvernemens.

Toutes ces conditions semblent

avoir été observées dans l'insurrection Française. Le lit de justice au milieu des représentants
de la nation, le renvoi ignominieux d'un ministère qui avait
bien mérité d'elle, sur-tout l'approche d'une armée qui parais-
sait destinée à faire le siège de
la capitale, étaient des attentats
assez grands pour appeller une
insurrection; lorsque deux cents
mille épées sortirent à la fois de
leurs fourreaux, pour protéger
une patrie qui commençait à
naître, ces légions de citoyens
ne faisaient que suppléer au
silence coupable des Parlemens,

et à la faiblesse des états-géné-
raux, le jour de la séance royale ;
enfin les Parisiens qui quitterent
à cette époque mémorable leurs
foyers, pour se dévouer à la cause
publique, étaient loin, même
en humiliant le monarque, de
songer à dissoudre la monarchie.

Il est un mode de résistance
bien plus sublime encore, et qui,
dans tout état qui se régénère,
devrait préparer les esprits aux
scènes sanglantes d'insurrection.

Ce mode inconnu à l'antiquité,
est le droit de dévoiler, avec une
plume courageuse, les crimes de
l'administration, et d'éterniser,

E 3

par le moyen de la liberté de la presse, le sceau de l'opprobre, qu'on imprime sur le front des administrateurs.

L'unique frein que la philosophie admette pour ce genre de combat, ou l'abus est si voisin de l'usage, est la nécessité de signer l'écrit courageux, où l'on dénonce à la raison les délits du pouvoir; car les coups les plus mérités révoltent, s'ils sont portés dans l'ombre; et la morale des états ne permet pas plus d'assassiner avec une plume qu'avec un poignard.

Eh ! de quel poids ne serait pas un manifeste contre un pouvoir prévaricateur , s'il était signé d'un nom synonime à ceux de génie et de probité ! si on lisait à la tête d'une satyre morale : je dénonce à la postérité des Lucrèce, les débordemens de Messaline , et je m'appelle Juvenal : si sur le frontispice de nouvelles annales de Rome on voyait : J'ai peint avec vérité les derniers des hommes, les Tibère et les Néron, et je suis Tacite !

C'est avec cette liberté de penser et de propager sa pensée, que le citoyen-philosophe conjure contre les tyrans de la patrie ; et que le Cosmopolite arme tous les états accessibles aux lumières, pour anéantir, s'il était possible, toutes les tyrannies de l'univers.

Telle est la substance de ma doctrine, sur une des plus belles questions de morale, que puissent jamais discuter des législateurs. J'ai taché d'être clair, parce que s'il était un seul homme du peuple, à l'intelligence de qui elle échappât, mon but philosophique serait manqué ; j'ai surtout tenté d'être court, parce

que si je n'avais voulu qu'ef-
fleurer la matière, à la façon des
Grotius et des Puffendorf, j'aurais écrit plusieurs volumes.

Je sçais, Sire, par votre silence même, quelle est votre
opinion sur ma théorie : votre
ame s'est manifestée malgré vous,
et aucune des teintes de votre
visage ne m'a échappé ; j'y ai
lû votre inquiétude sur la stabilité de l'ordre social, quand
j'ai désigné comme une de ses
premières loix, la résistance à tout
pouvoir prévaricateur ; vous avez
encore moins dissimulé une
douce émotion, lorsqu'à force

E 5

d'entourer, d'une philosophie pacifique, le berceau de l'insurrection, j'en ai reconcilié l'audace avec la sensibilité d'un Titus, et l'humanité raisonnée d'un Marc-Aurèle.

Maintenant que les principes fondamentaux sont posés, tous les résultats particuliers en découlent sans peine. Un ame pure et un entendement lumineux, suffisent pour classer tous les faits qui embarrassaient jusqu'ici une politique vulgaire, qui faisaient douter si un chef de parti était un Brutus ou un Catilina, s'il avait prostitué son génie à fomenter nne révolte, ou s'il avait aspiré à la gloire dangereuse d'une insurrection.

Sans connaître les élémens de cette théorie, guidé seulement par votre ame pure, et votre entendement lumineux, vous avez jugé, comme Salomon, l'officier de Belgrade.

Il a dû résister à un pouvoir oppresseur, parce qu'il était père avant d'être officier : parce qu'avant de répondre à un conseil de guerre, son propre cœur l'avait cité au tribunal de la nature.

L 4

Son insurrection, sans doute, aurait été pacifique, s'il avait eu le temps d'invoquer un pouvoir supérieur à celui qui l'outrageait : alors votre justice, Sire, se serait fait entendre, et l'infortuné aurait épargné un sang, qui, tout impur qu'il est, intéresse toujours l'ami de l'ordre, quand ce n'est pas la loi qui le fait répandre,

Mais le tyran, en prononçant le mot terrible : FRAPPE OU MEURS, s'est condamné lui-même. Puisqu'il fallait qu'un des trois acteurs de cette scène terrible périt, le coup, qui a frappé le seul coupable, a justifié la providence.

Je trouve un peu plus délicate, quoiqu'aussi évidente, la solution du problême sur l'insurrection, qui aurait sauvé à la France l'opprobre de la nuit des régicides.

Vous vous rappellez, Sire, le trait de la lettre de Zima à mon Eponine, où il est dit que Louis XVI, pour sauver un massacre, défendit à ses gardes de tirer sur les hommes de sang qui venaient assassiner la Reine, et lui forger à lui même des fers; sur le trône où il était assis. Eh bien! cette

défense a produit tous les désastres de cette nuit abominable;
mais l'honneur Français était
sauvé, si dans ce moment terrible, il y avait eu de la part des
gardes une généreuse insurrection.

Pour rendre moins révoltant
cette espèce de paradoxe philosophique, permettez-moi, Sire,
de lier quelques idées accessoires
aux branches principales de ma
théorie.

Nous avons reconnu que le
droit de résister à un pouvoir
oppresseur, était un attribut es-

sentiel de l'homme : que ce droit
ne pouvait être restreint par les
loix qu'il avait vû naître, et qu'il
y aurait autant d'absurdité à un
ordre social de vouloir l'anéantir,
qu'à tenter de nous ravir notre
intelligence.

Mais un pouvoir oppresseur ne
l'est pas toujours, dans le sens
qu'il est le fléau de tout ce qui
l'environne : il l'est quelquefois
dans celui qu'il s'opprime lui-
même ; alors la résistance, sans
changer de nature, doit changer
d'objet ; le héros citoyen au lieu
de s'élever pour détruire le
pouvoir, doit s'élever pour le

conserver dans 'toute sa plénitude

Tel est le point de vue, sous lequel la philosophie doit considérer la défense généreuse mais coupable, faite par Louis XVI à ses gardes, de le protéger contro des assassins. La tête du corps politique se doit à ses membres, comme les membres se doivent à la tête ; personne, soit qu'il commande, soit qu'il obéisse, n'a le droit d'en attaquer l'intégrité, et un roi, en qualité de représentant du souverain, ne peut s'arroger le droit d'abdiquer sa vie, que lorsque l'intérêt général lui   , bdiquer sa couron

Il ne faut point ci er ici l'exemple de Léonidas ; quand ce grand
homme se dévoua anx Thermo-
pyles , il y avait deux rois dans
Lacédémone : ainsi la patrie pouvait être e   deuil et avoir encore
un père.

Louis XVI manquait donc à
la morale de l'état , en inter-
disant à ses gardes la gloire de
mourir pour le défendre ; et
puisque l'ordre qu'il donnait
était évidemment un délit de
lèze-nation, ce n'était qu'en le

violant que la nation pouvait l'en absoudre.

L'insurrection des gardes contre un monarque qui s'oubliait, était donc dictée par le devoir, avant d'être le fruit touchant de l'impulsion aveugle de la vertu..

D'ailleurs je voudrais bien sçavoir, en quoi un acte si sublime de désobéissance, aurait contrarié ce code farouche de discipline militaire, qui ne mène à la gloire qu'en changeant les héros en automates.

Assurément les gardes-du-corps

de Louis XVI, n'étaient insti-
tués que pour le défendre : tel
était le but unique du serment
primitif qu'ils avaient prononcé ;
tout ordre contraire était donc
une invitation au parjure, et
désobéir, dans cette circonstance
critique, au pouvoir, était le plus
bel hommage qu'on pouvait
rendre, soit à la discipline, soit
à l'ordre social.

Ces considérations amènent un
dilemme terrible contre ces respectables infortunés, qui ont tant
souffert de l'ordre inconsidéré
du Roi, et à qui la postérité,
en rendant justice à leur bra-

voure, reprochera sans-doute d'avoir manqué de lumières.

Ou les gardes croyaient que leur serment primordial était plus sacré qu'une vaine loi de discipline, et alors ils devaient, malgré l'ordre du prince, tirer sur les régicides ; ou ils pensaient que l'obéissance passive qu'exige la discipline anéantissait leur serment primordial, et alors cessant d'être gardes; ils devaient en jetter les frivoles ornemens, et devenus simples soldats de la patrie, la préserver d'un deuil éternel, en dispersant loin de l'enceinte du château, la horde des Cannibales.

Je veux ignorer à jamais quel était le capitaine des gardes, qui vint, dans cette nuit désastreuse signifier à son corps l'ordre du monarque, de se laisser assassiner les armes à la main ; mais il me semble qne, si alors j'avais eu l'honneur de commander cette élite de guerriers, mon cœur ému m'aurait dicté cette courte harangue :

« Mes amis, les jours du roi
« que vous avez juré de protéger,
« sont en péril, et il vous défend
« de tirer sur ses assassins,

« Que l'honneur vous parle

« plus haut qu'un frivole préjugé;
« sauvons aujourd'hui, dans le
« monarque, la monarchie ex-
« pirante, et infidelles par effort
« de vertu, jurez tous avec moi
« de lui désobéir.

« S'il est parmi vous quel-
« qu'homme de bien timide,
« que l'idée de désobéissance
« effarouche ; moi, son chef,
« j'anéantis ses scrupules, en lui
« ordonnant, au nom de la dis-
« cipline militaire, d'exterminer
« s'il est possible, la race odieuse
« des régicides. Moi seul alors je
« serai coupable envers le Roi
« que j'aurai sauvé, et je consens

« que , pour une action dont ma
« probité s'honore , la loi mili-
« taire prononce mon supplice.

Ce n'était pas d'un capitaine
des gardes courtisan, qu'on pouvait attendre un pareil discours ;
il y a trop loin de l'ame d'un
satrape de Xerxès , à celle d'un
sauveur de la patrie Mais comment , dans cette noblesse nom-
breuse qui lui était subordonnée ,
ne s'est-il trouvé personne qui ait
eu l'instinct des grandes choses ?
comment , lorsque le prince osait
les enchaîner, ne s'est-il rencontré
parmi eux aucune main généreuse , qui ait secoué ses chaînes,

et rendu la force publique à son institution primordiale, celle de protéger la nation entière dans le chef de la monarchie?

Eh quel moment choisissaient les gardes, pour s'allarmer d'une insurrection! c'était l'époque où Paris laissait forcer son hôtel de ville, par une légion de Bacchantes : ou la milice de la capitale, forçait son général à venir faire le siège de Versailles : ou, des repaires sanglants du Palais-Royal, sortaient des arrêts de proscription contre les législateurs. Quoi! la force était permise, quand ils s'agissait de sapper toutes les bases du pacte social, et elle était interdite, quand il s'agissait de les défendre! les insurrections les plus criminelles, se montraient en France à visage découvert, et le héros n'aurait eu qu'à rougir, lorsque le patriotisme le plus pur était le mobile de son insurrection !

Oui, Sire, dans cette effroyable anarchie, où chaque homme armé était à lui-même sa propre loi, il n'y avait que l'insurrection généreuse des gardes, qui put sauver la France de l'insurrection abominable des régicides.

Tome V. F

Il fallait, quand Louis XVI,
égaré par sa sensibilité, défendit
à ses gardes la plus légère résistance, que ceux-ci s'emparassent
à l'instant de toutes les avenues
du château, ne tenant leurs
consignes que de leur bravoure,
prenant le mot de patrie pour
signe de ralliement, et se jurant
à eux-mêmes de défendre leurs
postes, contre leurs chefs mêmes,
s'ils venaient les en arracher.

Au même moment il fallait
inviter toute la noblesse militaire
de Versailles, à se rendre au
château, pour faire un rempart
de leurs corps à leur roi détrôné :

il fallait que le cri généreux de ces gardes se fit entendre jusques dans le sein de l'assemblée nationale , et réveillant dans le cœur de ses membres leur antique idolatrie pour le descendant de leurs soixante rois , les tirât d'une enceinte à jamais avilie , par les orgies crapuleuses des Bacchantes , pour venir placer la majesté d'un corps de législateurs , entre le monarque et les régicides.

En même temps l'appareil le plus formidable de défense devait se déployer ; les drapeaux devaient flotter dans l'air , les épées

F 2

étinceller hors de leurs fourreaux, les canons diriger leurs
bouches de feu contre la pha-
lange des Cannibales.

Vous connaissez, Sire, encore
mieux que moi les émeutes populaires ; vous sçavez que le plus
léger mouvement en soulève les
flots ou les abaisse : assurément
cette audace sublime des gardes
aurait fait son effet ; les brigands
qui ne calculaient le succès de
leur attentat que d'après la faiblesse des alentours du trône, à
la vue de cet appareil terrible,
se seraient dispersés, et il n'y
aurait eu de sang répandu que

par les bourreaux et avec les ins-
trumens des supplices.

Mais supposons, contre toute
vraisemblance, que les gardes,
sur le point d'être forcés dans
leurs postes, eussent été con-
traints de faire feu; eh! qu'avait
donc cette nécessité cruelle de
si allarmant pour la vertu? est-ce
que la force publique, quand elle
protége l'ordre social, n'a pas
le droit de verser un sang impur?
est-ce qu'il y a des assassinats
pour qui venge la loi?

Que la discipline parle; et on
voit cent mille hommes, qui ne

F 3

se connaissent pas, qui ne se sont
jamais offensés, qui ne se veulent
aucun mal, s'égorger en bataille
rangée, au milieu des encoura-
gements de leurs concitoyens et
des bénédictions du dieu des ba-
tailles ; et lorsque la première des
loix sociales, la sureté du chef
d'un grand empire, exige que les
ennemis de la paix publique trem-
blent ou périssent, on craindra
de frapper autour d'un trône en
débris quelques vils scélérats
échappés dans le silence des loix
à l'opprobre de l'échaffaud !

Mais, dira-t-on, il y avait des
femmes parmi les rébelles, et ce

n'était pas sur leurs têtes que les traits de la mort devaient s'égarer. Personne, Sire, ne sçait plus que moi, quel empire, dans un état civilisé, la faiblesse doit avoir sur la force : personne n'est plus convaincu, que toute femme qui sçait se respecter doit voir chez un peuple, qui a de l'honneur, le carnage s'arrêter, non-seulement pour elle, mais encore devant elle ; et si cette doctrine indulgente n'était pas pour mon ame douce, une jouissance naturelle, les vertus d'Eponine, l'héroïne de son sexe, en feraient pour ma raison un devoir.

Mais ne profanons pas la cause de la plus intéressante moitié du genre-humain , en l'assimilant avec celle des régicides.

Ou les femmes, circonscrites dans l'enceinte des vertus domestiques, contentes d'être épouses et mères , se renferment dans une obscurité vertueuse , et des êtres aussi respectables sont sacrés pour tout ce qui porte le nom d'homme : l'épée du conquérant se détourne à leur aspect, et le dépositaire de la force publique , quand cette force expire dans ses mains , meurt encore pour les sauver.

Ou bien il s'élève de temps en temps, sur la surface du globe, des femmes supérieures, qui, par la hauteur de leur caractère, semblent démentir leur sexe, et contredire la nature; de pareilles héroïnes n'ont pas besoin d'être protégées par l'homme, ce sont elles qui le protégent : l'opinion qui gouverne les états avant les rois, est dans leurs mains ; elle ferait taire la force publique, si, corrompue par les factions, elle osait menacer leur existence.

Quant à la dernière classe, non des femmes, mais des êtres intelligents, à ces espèces d'her-

maphrodites , qui réunissant la
robe efféminée d'un sexe , dont
ils ont abjuré la pudeur, avec l'ar-
mure de celui dont la nature leur
a refusé la force , d'une bouche
flétrie par l'opprobre de leur vie ,
prêchent sans péril la révolte et
les assassinats , c'est le comble du
délire 'dans la force publique ,
de les respecter. D'ailleurs, dans
ces êtres dégradés , la lâcheté
s'allie toujours avec l'audace : le
fer vengeur des loix se courbe-t-il
devant des Bacchantes? enhardies
par l'impunité , elles boivent le
sang humain qu'elles ont fait répandre : se dirige-t-il sur leurs

têtes ? elles meurent de leur effroi, avant que sa pointe ait pû
les atteindre.

Vous le voyez, Sire, il n'a tenu
qu'à un fil, que la France n'eut
point deshonoré sa grande et
belle révolution par la nuit des
régicides ; ce fil était entre les
mains des gardes ; malheureusement la philosophie ne les
a pas éclairés de ses rayons ; ils
n'ont pas senti que, dans des
temps difficiles, quand les grandes
bases de la morale sont ébranlées,
il faut secouer de vains préjugés
de discipline ; ils n'ont pas vû
qu'une obéissance passive est

absurde, en présence de la scélératesse qui déploye toute son activité, et que quand un empire a subi l'impulsion des lumières, c'est avec du génie qu'il faut défendre le trône, encore plus qu'avec de la bravoure et de la vertu.

MORT

MORT
DE L'EMPEREUR.

Cependant la santé de l'empereur empirait tous les jours ; la
nature toute vigoureuse qu'elle
était, dans ce corps bien organisé,
succomba sous les remèdes , et
un conseil barbare le fit transfé-
rer à Vienne , comme si on avait
voulu le raprocher du tombeau de
ses ancètres.

Quelques mois s'écoulèrent ;
Tome V. G

sans que le philosophe eut occasion de renouer le fil de sa république ; toutes les nouvelles qui
arrivaient de France , étaient dé-
sastreuses ; Louis XVI entouré,
dans sa prison des Thuileries,
d'une garde qu'il n'avait point
nommée , ne prenait part à la législation de son empire , qu'en si-
gnant des décrets qu'il lui était
défendu d'examiner ; Paris se par-
tageait en soixante républiques,
qui n'avaient de force que pour
s'entre-détruire ; l'assemblée nationale transférée sur ce sol qui
dévorait ses habitants , se créait ,
a l'aide de ses comités de recherches , des ennemis terribles ,

qu'elle aurait pu corrompre utile-
ment , si elle avait mis quelque
générosité dans sa victoire. Pendant ce tems là, le feu des discordes civiles allait embrâser les provinces , d'une mer à l'autre ; on
armait des brigands qui n'avaient
rien , contre des hommes paisibles qui jouissaient de leurs pro-
priétés , sous la sauve-garde du
pacte social ; et c'était sur les dé-
combres des édifices seigneu-
riaux , a la lueur des torches qui
les avaient incendiés , qu'on faisait lire a une multitude sans
frein comme sans lumières,
le diplôme de son indépendance.

Cependant, car il faut être juste avant d'être sensible , on ne
pouvait accuser les institutions
Françaises d'être écrites avec du
sang, comme les loix de Dracon.
Du milieu de l'anarchie, s'élevait
lentement un des codes les plus
parfaits que la philosophie ait jamais donnés au genre humain ;
on cherchait dans la nature une
base a l'obéissance sociale, on faisait sortir une loi pure et unifor-
me, du cahos effrayant des coutu-
mes, on arrachait le gouvernement au despotisme du trône, et
la religion au fanatisme du sacerdoce : il était évident que la raison
tendait insensiblement à faire la

conquête de la monarchie, malgré les clameurs des hommes puissants, qui avaient intérêt a la faire taire , et l'hypocrisie adroite des factieux, qui cherchaient à la rendre coupable, en parlant son langage.

Malheureusement le bien opéré par la révolution Française, était de nature a frapper moins les étrangers , que les désastres publics, qu'on devait a l'inexpérience des régénérateurs ; il suffisait pour prendre de l'ombrage contre la premiere nation de l'Europe, de rassembler des faits, et il y en avait d'atroces ; au lieu que

G 3

pour l'admirer dans les grandes choses qu'elle méditait, il fallait supposer aux belles loix isolées qu'elle s'empressait de produire , un ensemble qui était l'ouvrage de plusieurs années de combinaison , et qui a cette époque n'existait surement pas dans la tête des législateurs.

Le philosophe, d'après ces considérations, évitait tout entretien politique avec l'empereur : comme les organes du prince allaient ans cesse en s'affaiblissant , et que on ame vigoureuse ne semblait plus vivifier que des ruines , il eut été affreux d'empoisonner par des souvenirs déchirants les dernier soufles que sa vie allait exhaler ; ainsi l'oubli profond de cette France qui se régénérait avec des loix admirables, et des crimes, était commandé a Joseph par le besoin d'exister, et a Platon par celui de la reconnaissance.

Cependant le sage se consolait souvent de ce vuide qu'éprouvait sa raison, en répandant son cœur dans le sein d'Éponine ; il ne s'écoulait aucun jour sans que l'entretien tombât sur la France : le vieillard en faisait naître le sujet, pour avoir occasion de donner un libre cours a ses rêveries

philosophiques , et sa fille prolon-
geait l'entretien, pour nourrir son
cœur qui s'ignorait , d'une autre
espèce de réveries.

Je regrette , disait un jour le
vieillard , en ouvrant un paquet
destiné à l'empereur , qu'il ne
nous vienne de France aucunes
nouvelles sur la révolution ; Paris
a dans son sein plus d'une personne qui nous est chere , et dont
notre sensibilité pourait calomnier le silence. ——

Il est vrai, mon pere , que Zima est bien long-tems sans nous
écrire. ——

Zima, ma fille, n'est que l'interprête de son libérateur ; je voudrais qu'un homme à tête forte
vit par ses yeux le tableau d'un
grand état qui se régénère , et
qu'il m'en parlât par lui même :
je ne sçais ; mais je suis bien autre-
ment èmu , quand je vois un jeune enthousiaste de la gloire , mettre dans la langue du patriotisme
la même énergie , qu'un autre
mettrait dans la langue de l'a-
mour ? —

Vous croyez mon pere ? —

Et toi ma fille , tu le crois
aussi ; mais tu voudrais me le dis-

G 5

simuler, ainsi qu'a toi même. Éponine, Éponine, un jour viendra
où tu croiras, en consultant ton
pere, n'avoir consulté que ton
cœur. ▬

C'est ainsi que Zima, si elle
n'avait point d'interprête, inter-
rogerait ma pensée. ▬

Va , céleste enfant , ce
n'est pas Zima qui obsède ta
pensée ; un cœur sublime comme le tien , un cœur dont le
monde entier pourrait à peine
remplir le vuide , n'est pas fait
pour peser les frivoles destinées
d'une sultane. ▬

Vous laissez passer mon pere, dans le paquet une lettre à votre adresse.——

Elle m'a échappé, parceque je me détournais, pour te sauver l'embarras de ta rougeur; mais ma feinte est inutile et je vais jouir librement de toute ton émotion; vois tu ce cachet?——

Eh bien mon pere...——

C'est celui de la maison de Villeneuve, si connu dans Constantinople, a qui elle a donné un ambassadeur.——

De Villeneuve, mon pere! c'est le nom du chevalier.——

G 6

Viens m'embrasser, ma fille; tu as besoin de cacher quelque tems ton trouble dans mon sein... maintenant que tes yeux moins humides, peuvent suivre, sans éprouver de nuage, le cours d'une lecture, prends cette lettre de ton esclave : c'est à toi à la décacheter.——

Non mon pere, elle porte votre nom sur l'adresse ; le chevalier n'écrit, et ne doit écrire qu'a vous.——

Je le pense aussi ; mais crois en ma longue expérience du cœur humain; cette lettre m'est écrite, et ne regarde surement que mon

Éponine ; ton nom n'y sera peut-être pas prononcé , et il ne s'y trouvera pas une ligne qui n'ait été tracée pour toi.━━

En vérité , mon pere , vous me rendez toute interdite. Eh qui vous dit que ce cœur où vous régnez seul , j'oserai un jour le partager entre vous et un esclave ?━━

Qui me le dit ?... ton désaveu... sa vertu... mais le moment n'est pas venu de te dévoiler un secret que ton cœur renferme , et que sans doute il ignore. Ma fille , vois comme ce ciel est pur ! comme ce Soleil d'hiver , précurseur du

printems, ne demande qu'a vivifier la nature ! crois moi, va respi-
rer un air générateur dans les
bosquets de ce palais ; tu liras
plus librement cette lettre que tu
brûles de parcourir. loin des regards d'un pere. —

Éponine voulait faire un nouveau reproche au philosophe ;
celui-ci par une caresse la fit ex-
pirer sur ses lèvres. La jeune héroïne de son coté serra son pere
dans ses bras avec une telle yvresse de sentiment, qu'il était aisé
de s'appercevoir qu'elle ne l'a-
vait jamais tant aimé, qu'en
ce moment où elle parais-

sait avoir tant à s'en plaindre.

Oh ! combien ce simple réçit,
que je ne fais que transmettre,
affecte dèlicieusement mes sens !
pourquoi suis-je prêt de l'écrire
avec mes larmes ? c'est qu'il me
rappelle des souvenirs qui ne pé-
riront qu'avec moi. Ainsi j'aimais
à vingt ans ; ainsi peut-être,
j'étais aimé ; la nature avait tout
fait pour nous ; elle nous avait
donné pour jouir, l'ignorance et
l'innocence.

Cependant Eponine était des-
cendue dans les jardins du palais,

accompagnée de l'officier de Belgrade qu'elle appellait en souriant son capitaine des gardes ; elle tenait a la main la lettre du chevalier, et attendait le premier détour d'un labyrinthe pour la décacheter. Un prince Allemand se présente tout à coup devant elle ; belle Éponine, dit-il, vous verrez l'empereur avant moi ; dites lui que mes lettres de France achèvent de faire le procès à sa révolution ; on a érigé au milieu d'un peuple qui se dit libre, deux tribunaux d'inquisision d'état, sous le titre de comités des recherches ; c'est une loi de sang qui les a fondés ; c'est un code de sang qui les dirige, et ce sont des hommes de sang qui les président. Monsieur, frere du Roi, vient d'être obligé, pour se dérober aux poursuites de ces cours infernales, de descendre, devant un Maire, a une apologie, que tout ce qui à l'ame élevée en France désavoue. Les prisons de la Capitale, regorgent des victimes de ces inquisiteurs; on cite entre autres un baron de Besenval, un marquis de Favras, et ce généreux esclave que vous avez armé chevalier au camp de Belgrade.

Éponine pâlit, sa lettre est sur le point d'échapper de sa main;

cependant sa voix tremblante a encore la force de remercier le prince de son attention, et à peine celui-ci à-t-il, disparu, qu'elle s'enfonce avec son guide , dans les défilés du labyrinthe.

Lorsque ses sens sont un peu remis, enfin dit-elle , à demi-voix , ma curiosité va être satisfaite ; sans doute l'infortuné se propose d'attendrir mon pere , sur ses malheurs : mais pourquoi a-t-il tant tardé d'interroger notre sensibilité ? pourquoi n'écrit-il, que pour apprendre qu'il va mourir ?

Pendant ce monologue, Épo-

nine agitait dans ses mains la lettre du chevalier : elle parcourait,
avec un intérêt vague, l'écriture
de l'adresse ; elle brûlait , et
tremblait a la fois de la décacheter; l'officier, qui soupçonna à ses
mouvements , qu'elle désirait d'ê-
tre seule quelques minutes , s'é-
loigna par respect à quelque dis-
tance , et l'héroïne s'assit sur un
lit de verdure naissante pour res-
pirer à son aise , et jouir enfin
sans témoin , de son cœur et de
la nature.

Déja son doigt pressait le cachet pour le briser , lors qu'un
cri de fureur , parti a quelques

pas d'elle, la fit lever précipita-
ment, et l'obligea de renfermer
sa lettre dans son sein.

Ce cri était échappé, a un jeune officier des gardes de l'empereur, à la vue du guide d'Éponine; qu'il périsse, s'était il écrié,
le scélérat qui m'a rendu orphe-
lin ! et tirant en même tems son
épée, il en avait jetté le fourreau.

Arrêtez, dit Éponine, c'est
avec moi que vous avez à combat-
tre, et saisissant l'épée étincelan-
te du côté de la pointe, elle en-
traîna le jeune inconnu dans
un détour opposé à la rou-

te que suivait l'officier de Belgrade.——

Éponine, abandonnez ce fer, plus fait dans mes principes à vous défendre qu'a vous blesser ; je ne vous fuirai point ; combattez moi, avec votre raison profonde ; quand j'aurai triomphé de vous avec la simple logique de l'honneur, j'irai vaincre ailleurs avec cette épée, où perdre le reste de mon existence.——

Jeune homme, connaissez vous le rival vertueux que vous allez défier ?——

Non, mais je sçais qu'il a tué mon pere.———.

Ingrat, apprenez qu'il a sauvé Joseph, le pere de l'empire.———

L'empire ne manquera jamais de souverains ; mais la nature n'a donné a l'être sensible qu'un pere, et le scélérat m'a ravi le mien.———

Quel nom odieux vient d'échapper de votre bouche ! quoi Éponine protégerait un scélérat ! ah ! frappez, s'il le faut, votre victime, mais ne la calomniez pas.

Eh ! quel autre nom la gram3

maire de l'honneur peut elle donner au barbare qui pouvant combatre mon pere, l'a assassiné ?——

On a égaré , je le vois , votre tendresse vertueuse. On vous a caché que votre pere avait été le premier assassin.——

Mon pere, Éponine !——

Lisez le procès verbal du conseil de guerre ; vous verrez que le coupable qui vous est cher , et qui a expié son crime par sa mort , tenant l'épée nue sur la poitrine de votre ennemi , au moment ou il lui ordonnait le plus affreux des attentats , prononça ce mot terrible, FRAPPE OU MEURS... notre infortuné a été arraché par ce mot, aux loix sociales, il a vengé la nature, il n'a point assassiné.——

Quelle horrible lumière, Éponine, faites vous luire à mes yeux! je ne connais maintenant que trop, quel est le coupable dont j'ai à rougir ; je vois qu'avant qu'il reçut le coup de la mort, je n'avais plus de pere.——

L'empereur vous en servira ; j'ai quelqu'ascendant sur lui ; allez m'attendre au palais, je veux vous jetter moi même dans son

coeur

cœur , et réclamer pour vous , le droit qu'il m'a donné a ses bien-faits —

Au premier détour du labyrin-the , Éponine vit avec surprise l'officier de Belgrade ; il n'avait pas perdu un seul mot de l'en-tretien, et, l'épée nue à la main, il attendait , avec la sérénité de l'honneur qui ne s'est jamais manqué a lui même , le dénoue-ment de cette étrange aventure.

A l'approche du jeune sei-gneur , il l'aborde avec dignité. Monsieur , lui dit-il , je ne vous ai pas offensé , mais je vous ai

Tome V.   H

rendu malheureux; je puis m'ex-
cuser auprès de la loi, mais non
auprès d'un fils que j'ai fait orphe-
lin. Si, après cet aveu, l'honneur
vous dit d'égorger un pere, pour
venger le votre, vous me voyez
prêt à me mesurer avec vous.

L'honneur, monsieur, dit le
jeune homme, me dit de vous
fuir, et de vous estimer toujours.
Et sans attendre d'autre réponse,
il prit avec précipitation la route
du château.

Éponine, pendant qu'elle faisait une belle action, songeait peu
a regretter qu'elle eut retardé

une de ses jouissances : rendue
enfin a la liberté , après le départ
du jeune seigneur , elle sentit
plus que jamais le besoin impérieux que lui faisait son cœur
d'ouvrir la lettre du chevalier :
déja elle mettait sa main palpitan-
te dans son sein , lorsque tout a
coup la cloche d'allarmes sonne
au palais , et une multitude éper-
due se répand dans les jardins ,
criant : Joseph se meurt , nous
n'avons plus de pere.

Une héroïne vulgaire aurait
fermé sa lettre avec dépit ; Éponine oublia qu'elle en avait une ,
et se précipitant au château , elle

vint baigner de ses larmes la main
froide et inanimée du prince, a
qui elle avait contribué a donner
une des années du regne du Marc-
Aurèle.

Il y avait déja près d'une heure
que l'empereur avait parû rendre
le dernier soupir ; les trois généraux de Lascy, de Haddick, et
de Lawdon, étaient debout autour du prince, plus émus de
l'appareil de ce lit de mort, qu'ils
ne l'avaient jamais été du spectacle déchirant d'un champ de bataille ; le prince de Kaunitz, et le
philosophe, penchés chacun de
leur coté sur ce lit funèbre, sem-

blaient épier encore la mort a son passage , pour recueillir les dernieres volontés du monarque ; un silence effrayant , règnait dans la vaste solitude du palais impérial , et ce silence n'était interrompu qu'a divers intervalles par les sanglots des Archiduchesses.

Après un quart d'heure de l'attente la plus cruelle , Éponine a force de baigner de ses larmes brulantes, la main glacée de l'empereur , lui rendit une ombre de mouvement : ce prodige n'était pas nouveau pour elle ; elle en avait fait l'essai dans l'hospice de Belgrade. Peu à peu quelques fai-

bles étincelles des derniers principes de la vie , se réunirent dans
la tête du prince ; il ouvrit a demi un œil éteint , et reconnaissant
la jeune héroïne , Éponine , dit-
il , je remercie le ciel de renaître
encore un moment, pour m'occu-
per de vous. Le chevalier de Villeneuve gémit à Paris , dans une
espèce de prison d'état ; si son innocence succombe , mon ambassadeur à ordre de le réclamer ; je
lui ai conféré un grade dans mes
troupes , je veux être le souverain
de tous les hommes vertueux que
leur patrie persécute.... vous êtes
émue... hélas ! je n'ai que quelques minutes a jouir du spectacle

touchant de votre sensibilité ;
mais si ma derniere priere à quelque poids à vos yeux , je revivrai
pour vous dans ce jeune héros ;
et pour qu'il vous devienne plus
cher , je lui transporte tout le prix
de ce bienfait , et votre reconnaissance....

Sœurs chéries, dont j'emporte
le souvenir dans la tombe , bra-
ves généraux , sous qui je m'honore d'avoir servi , et toi sage
Kaunitz qui m'appris l'art de régner , je meurs plein de vous , et
je vous lègue , comme le don le
plus cher de mon amitié , au
Grand Duc mon frere , qui va hé-

riter de mes couronnes , et me
faire oublier.

Je te lègue aussi à ce frere vertueux , mon cher Platon , toi qui
me sauvas la vie , et l'honneur devant Belgrade : toi que j'aimais a
appeller mon pere , quand il m'é-
chappait quelques actions dignes
de mémoire...

Mais ce frere ne vient point ; il
devait cependant arriver, pour recueillir mon ame errante , sur mes
lèvres ; pour recevoir les derniers
conseils d'une amitié qui ne peut
plus l'égarer; pour lui apprendre à
parler à ses comtemporains , com-

me je vais parler à la postérité...

En ce moment, la tête de l'empereur parut s'affaisser, ses yeux se fermerent, mais le nom de Léopold qn'il balbutiait encore, annonçait que l'image de ce Prince lui était présente ; on aurait dit qu'il avait besoin de cette image, pour sortir avec moins d'amertume des portes de la vie.

Après un quart d'heure de léthargie, l'entrée subite de l'archevêque de Vienne ayant fait ouvrir avec quelque fracas la porte de l'appartement , le prince plein de l'idée de son frere, crut qu'il arrivait, et l'œil toujours fermé, fit quelqu'effort pour lui tendre la main. Cette main n'avait pas encore été quittée par Éponine ; quelques larmes qui la mouillerent alors entretinrent l'illusion de Joseph, qui croyant sentir les caresses de Léopold, voulut les reconnaître en lui parlant ainsi.

Je connais votre cœur sensible, mon frere ; vous me regretterez encore long-tems après avoir hérité de mes couronnes : mais ne rendons pas trop pénible, par une tendresse déchirante, le moment de notre séparation ; j'ai besoin du calme de l'ame, pour vous faire part de quelques erreurs de mon règne, pour vous empêcher de recueillir la haine de mes peuples pour héritage.

J'étais né, mon frere, pour opérer de grandes choses t mais je ne connaissais pas les hommes : j'ai voulu les amener a la régénération par le despotisme, et j'ai gaté tout le bien que je méditais, en l'opérant avec des rescrits arbitraires et des bayonettes.

L'opulence du clergé, l'impéritie des loix me semblaient autant d'insultes à la raison de ce siècle de lumières ; mais l'arbre social ne portait pas toujours des fruits de mort ; il fallait l'émonder, et non l'abbatre : j'ai voulu y porter la coignée , et ce cèdre formé de douze siècles de sagesse et d'erreurs , en tombant , m'a écrasé de ses débris.

J'ai trop admiré le dernier héros de la Prusse , et les brillantes folies de son règne m'ont fait entreprendre la guerre criminelle contre les Ottomans : cette guerre qui a déja couté cent mille hommes a l'empire , et deux cens millions a son trésor , pour conquérir

conquérir le rocher de Belgrade , qu'il faudra rendre à la paix , à ses premiers maîtres.

Une guerre encore plus odieuse fait luire un jour terrible sur les fautes de mon règne ; c'est celle que j'ai déclarée a mes propres sujets , aux peuples du Brabant ; je suis parti de l'abominable maxime , que le pouvoir , quelques soient ses torts , ne doit jamais reculer , et j'ai appesanti un sceptre d'airain sur leurs têtes : heureusement que ce Brabant n'est pas encore assés mûr pour être libre ; il croit repousser mes soldats , avec des moines armés

Tome V.   I

et rendre inutile mon artillerie ; en promenant dans les rues des crucifix. Si vous avez la sagesse , mon frere , d'abolir les loix de sang de mon ministère , de porter un esprit conciliateur , au milieu des discordes , de consulter des peuples égarés , pour les rendre heureux , le plus beau patrimoine de votre maison ne vous èchappera pas, et l'histoire ne dattera point de votre règne , l'érection du Brabant en république...

Mais je ne sens déja plus , mon frere , vos caresses touchantes.... pressez encore cette main glacée, que je ne sçaurais soulever jus-

qu'a la hauteur de votre bouche...
Il me reste un dernier traît de lumière à vous donner ; et j'ai besoin que votre sensibilité concen-
tre encore dans le même foyer,
quelques principes de vie qui
sont sur le point de s'exhaler...

Il y a bien-tôt neuf mois que la
France est en insurrection, contre son souverain , et tout me
présage que cette révolution , si
elle arrive à son dernier dégré de
maturité, peut à la longue régénérer où abbattre tous les trônes
de l'Europe.

Cette révolution est évidamment

I 2

l'effet de cette raison, qui, depuis la découverte de l'imprimerie, tend sans cesse à améliorer l'espèce humaine. Mais il est difficile maintenant de reconnaître cette pureté de principe, parce qu'en général elle a été soutenue par des hommes sans génie, et contrariée par des hommes sans vertu.

Observez avec intérêt, mon frere, mais sans y prendre part, ce grand défi fait par la France, à tous les préjugés qui infestent l'univers.

Si la raison triomphe des fac-

tieux, qui l'assassinent sous sa li-
vrée , le torrent se répandra ,
mais lentement autour de la France , et surmontant toutes les di-
gues que les Rois voudraient lui
opposer , il finira par couvrir les
deux mondes.

Si la révolution des factieux
l'emporte sur celle de la raison ,
le torrent n'inondera que la
France qui l'a vû naître, et ne dé-
bordera pas dans l'Europe.

Quelque soit l'évènement , il
n'est pas de l'intérêt de l'Allemagne de s'armer pour ce qu'elle
appelle la cause des Rois : ceux ci,

n'ont que l'alternative où de se laisser subjuguer paisiblement par les lumières, où de rester spectateurs tranquilles des discordes de la France , pendant que ses factions vont s'entredétruire.

Les princes du corps Germanique , le pontife de Rome , et tous les despotes , vous proposeront une ligue pour forcer la France à reprendre ses anciennes chaînes ; ne heurtez pas de front cette politique de la terreur , mais composez avec elle ; offrez vous , pour concilier les différents que ce nouvel ordre de choses fera naître dans les cabinets de l'Europe ; dites qu'il est de la dignité du chef de l'Empire d'être le médiateur des états , plutot que le vengeur des Rois.

On vous peindra, avec quelqu'énergie sans doute , les malheurs de la Reine de France ; mais songez qu'elle est en ôtage parmi ses ennemis , et qu'une fausse démarche peut la perdre. Au reste ma sœur m'est connue ; elle à le grand caractère de sa mere , et tôt ou tard son génie mettra à ses pieds ceux qui demandent sa mort ; laissez son courage aux prises avec une scélératesse mal-adroite , elle se déro-

I 4

bera à tout, excepté à la gloire, puisqu'elle est sortie triomphante de la nuit des régicides.

Mais je le répete, mon frere, une guerre avec la France, quellequ'en soit l'issue, n'amènera que du carnage. Connaissez vous ce que c'est que de vouloir forcer l'opinion, chez un grand peuple, qui a la conscience de ses forces, et qui s'arme pour les déployer ? le fanatisme de la liberté, sera pour lui ce qu'était le fanatisme de la religion chez les Arabes ; les héros naîtront en foule, sous la hache qui les frappera, et pour vaincre dix millions d'en-

nemis , il faudra les exterminer.

Si cependant , à l'aspect des
tyrans subalternes, qui succéde-
raient à ses grands despotes , la
France elle même....

Ici l'infortuné souverain s'ar-
rêta. Depuis quelque tems , sa
parole convulsive , ne s'échappait
qu'avec effort , d'une bouche qui
refusait de s'ouvrir : sa pensée
était encore active, mais les termes qui l'exprimaient se per-
daient , avant d'arriver à l'oreil-
le d'Éponine. Après un quart-
d'heure de silence , il fit un mou-

vement, pour se tourner du côté du prétendu Léopold ; ses yeux étaient toujours fermés , mais à une faible teinte, qui vivifiait son front, on pouvait juger que sa tête rassemblait toutes ses forces, pour produire un dernier acte d'intelligence.

Léopold , dit-il, vous aimerez ainsi que moi , le bien de la terre, mais vous le ferés mieux.... heureusement qu'en vous dissuadant de la conquête de la France , j'expie envers mes peuples , le crime de la conquête de Belgrade... enfin mon dernier vœu a été pour mes sujets... mon frere , acquittez encore la dette de mon cœur , envers Éponine et son pere... tout me quitte... le voile tombe... l'éternité commence pour moi... venez tous...

\ En ce moment le philosophe se jette à genoux au pied du lit de Joseph. Éponine , égarée par son émotion , quitte la main du prince , et se précipite sur sa bouche, comme si elle avait voulu arrêter cette ame magnanime à son passage. C'estait la derniere scène de ce drame terrible : la nature semblait s'être épuisée dans les principaux personnages : Éponine resta sans connaissance sur le lit de mort , et l'empereur en se soulevant pour l'embrasser , expira.

———————————

DES COMITES

DES

RECHERCHES.

Eponine était a peine rendue à la vie et à la douleur, que son pere pour l'arracher au spectacle le plus déchirant, voulut qu'elle quittat le palais impérial, et prit avec elle la route de France, sous la conduite de l'officier de Belgrade.

On marcha toute la nuit dans

ce silence du désespoir, qui empêche les pleurs de couler ; mais les premiers feux du soleil, ces feux bienfaisants, qui parlent à la fois au cœur de l'homme et à la nature, ne tarderent pas à tirer Éponine de son affaissement : ses yeux devinrent humides, sa tête se pencha avec sensibilité, sur le bras du philosophe. Cependant ce calme dura peu : la jeune héroïne en sortit, par un mouvement violent que rien n'avait préparé : elle porta avec une inquiétude qui se décèlait dans ses sombres regards, sa main dans son sein ; et se voyant trompée dans son attente, elle s'écria avec

amertume : JE L'AI PERDUE , MON
PERE.

Il s'agissait de la lettre du che=
valier , qu'Éponine, depuis vingt-
quatre heures avait a sa disposi-
tion, qu'elle brûlait de lire , et
que par une fatalité étrange elle
n'avait pu trouver encore le moment de décacheter ; il était aisé
de soupçonner qu'elle l'avait laissé échapper sur le lit de l'empereur , lorsqu'elle tomba sans connaissance : mais les grandes passions ne raisonnent pas ; Éponine
honteuse d'un cri d'effroi , qui
laissait trop lire dans sa pensée,
composa sou visage , et comme si

elle avait oublié la perte que son cœur venait de faire, elle jetta l'entretien sur celle que la mort de Joseph faisait éprouver á l'Europe.

L'officier de Belgrade plus calme, combina toutes les circonstances, et résolut le problême ; à la premiere poste, il prit à part le philosophe, lui dit que dans un départ aussi précipité il avait oublié de demander au prince de Kaunitz, les lettres de Joseph pour son ambassadeur à la cour de Versailles, et offrit de retourner à Vienne. Platon qui devinait sa générosité, y consentit. La route de l'Allemagne était sûre pour les voyageurs, et il fut convenu qu'Éponine et son pere, la poursuivraient. Le rendez-vous fut donné, au dernier village de la frontiere.

L'officier réussit au dela de son attente ; non seulement il rapporta la lettre si chère à Éponine, mais encore les dépèches du dernier Empereur. Le prince de Kaunitz y joignit de son propre mouvement un passe-port infiniment flatteur, et le tout fut mis dans une boëte d'or enrichie de diamants où étai le portrait de Joseph, et qui renfermait pour cent mille francs de lettres de change.

La réunion des voyageurs se fit vers le milieu de mars 1790 : c'était l'époque de la fonte des neiges ; on vint les avertir, que s'ils tardaient une heure à passer le torrent débordé qui servait de limites à l'Allemagne, la plaine serait inondée long-tems, et ils se décidèrent à traverser aussitôt les frontières : la boëte fut placée avec soin, mais sans être ouverte, dans la voiture, et on entra en France,

Il régnait alors un cordon de troupes soit volontaires, soit sou-doyées, qui gardait la monarchie de Louis XVI, comme on garde

une citadelle ; l'on exposait sa liberté a y entrer , et sa vie a en
sortir : car par une contradiction,
dont la politique n'offre d'exem-
ples que dans le dix-huitième siècle , le peuple qui se disait le plus
libre de la terre en masse , ne per-
mettait de l'être individuellement
ni aux étrangers , ni à ses concitoyens.

A la vue du passeport du prince
de Kaunitz , quelques volontaires
ombrageux , jugerent qu'il s'agissait d'une intrigue secrette entre
les cours de Vienne et de Versailles ; les réponses ingénues des
voyageurs , sur l'accueil qu'ils

avaient reçu de Joseph ajouterent
a la défiance , et bien-tôt s'accré-
dita le bruit insensé , qu'un
vieillard et une femme , venaient
du fond du Péloponèse conjurer,
pour établir à Paris , le despotisme de Constantinople , où la loi
royale de Dannemarck.

L'officier de la bande des inquisiteurs d'état , sourd à tous les
éclaircissements , entra dans la
voiture pour garder a vue les
voyageurs, ainsi que leurs effets ;
des soldats monterent sur le siège,
aux portieres , et jusques sur l'im-
périale , et c'est dans cet appareil
ignominieux que les amis du pre-

mier souverain de l'Europe , arri-
verent à la plus prochaine des
municipalités.

Après une nouvelle lecture du
passeport , le Maire fit avec toute
la dignité du représentant d'un
peuple libre , l'inventaire des effets des voyageurs ; la voiture fut
sondée par-tout, les coffres forcés , et on obligea les trois infortunés à se dépouiller en partie
de leurs vètemens, pour que rien
ne fut soustrait aux regards. La
boëte d'or n'échappa point aux
recherches inquisitoriales ; et
comme Éponine pâlit , en se la
voyant arracher , les indices s'ag-

gravant dans ces têtes ombrageuses, le Maire l'ouvrit à l'écart en présence des officiers municipaux, brisa le cachet des lettres, et les lut en y ajoutant ces interprétations sinistres, qui, aux yeux des hommes de sang, tiennent lieu de génie au patriotisme.

Le résultat de la délibération, ne tarda pas a être annoncé aux victimes ; on leur déclara que sur la gravité du délit dont on les soupçonnait, on allait les conduire sous bonne garde à Paris, pour y être jugés par son comité des recherches.

La boëte d'or qui renfermai

les preuves du délit de lèze-nation , fut remise au chef des satellites, et on lui permit de défrayer toute sa troupe avec les lettres de change.

Le délire de cette oppression , empécha les amis de Joseph , d'en sentir toute l'amertume. Le peuple Français est sensible , disait le philosophe, on le pousse à la violation de tous les droits de l'homme , mais c'est pour lui un état contre nature : l'arbre courbé avec effort vers la fange reprendra bientôt sa direction primitive; et si nous ne heurtons pas de front les préjugés de la nouvelle religion Française, nous pouvons trouver des défenseurs jusques parmi nos bourreaux.

La sérénité du vieillard amena insensiblement celle d'Éponine. Il est vrai, disait-elle, qu'il y a une jouissance pour des ames telles que les notres, à s'élever plus haut que le malheur... mais n'admirez vous pas, mon pere, ajoutait-elle en souriant, cette bizarerie de la destinée, qui condamne la lettre de notre esclave à n'être lue, que par nos persécuteurs ?

Cependant le danger des voyageurs croissait, à mesure qu'ils approchaient

approchaient de la Capitale : on ne voyait sur la route, que des traces de dévastation , d'incendies de châteaux , d'assassinats commis au nom de la liberté : des brigands déchaînés profitaient du silence des loix, pour se répandre dans les campagnes , et ils achetaient , en immolant quelques victimes proscrites par les comités des recherches , l'impunité de leurs propres brigandages.

A environ cinquante lieues de la frontière, quelques jeunes gens armés , qui s'honoraient du titre d'amis de la révolution , sous prétexte de protéger l'escorte , vinrent se joindre a elle ; ils lui firent traverser un village ameuté par leurs conseils perfides, et qui pour honorer la cause des lumières, avait conjuré contre la vie du philosophe.

Aux premiers cris d'un peuple effrené qui demandait sa tête, le pere d'Éponine descend d'un air calme de sa voiture , et de ce ton de majesté qui commande le respect, le voici, dit-il, cet étranger qui devint l'ami de l'empereur pour être restè libre á sa cour : en adoptant la France pour sa patrie , il croyait venir mourir parmi ses amis et n'avoir pas a pardonner à ses assassins.

Ces mots sortis avec expression du fond du cœur, firent leur effet sur des hommes que l'habitude du sophisme n'avait pas encore pervertis : ils considérerent avec quelqu'attention, cette tête vénérable, qu'ils avaient osé proscrire, et leurs cris de fureur expirerent peu à peu dans leur bouche . Non ajouta le sage , on en impose à votre patriotisme, vous n'êtes point des hommes de sang , je ne serai point venu au péril de ma vie m'éclairer avec vous ; ce n'est point en rendant ma fille ora

pheline, que vous acquitterez envers moi les droits sacrés de l'hos-
pitalité.

Platon n'avait pas encore prononcé ces derniers mots, et déja
il n'avait plus d'ennemis ; les scélérats qui l'avaient conduit dans
le piége, craignant d'être démas-
qués, prirent la fuite presque
tous, et cet indice de perfidie
achevant d'éclairer le peuple, il
se mit a porter en triomphe, au
milieu des chants de bénédiction,
le philosophe qu'il avait voulu assassiner.

Au milieu du tumulte, le chef

des amis de la révolution voyant changer l'opinion populaire , plus adroit que ses complices , avait fait un éloge hypocrite du philosophe , ensuite , convaincu que personne n'avait lû dans sa pensée , il avait repris tranquillement avec l'escorte la route de la Capitale.

On marchait avec lenteur , et on s'arrêtait long-tems. A la première station , l'homme suspect s'éclipsa pendant une heure , et revint ensuite hors d'haleine se joindre a la troupe de garde : cette absence parut de l'augure le plus sinistre au pere d'Éponine ,

K 3

et il ne fut point trompé dans ses conjectures : on avait à peine fait une demi-lieue , qu'a l'entrée d'un petit bois qui bordait la route , parut une troupe d'hommes demi-nuds , bizarrement armés , et de femmes vagabondes qui investirent la voiture , demandant à grand cris qu'il leur fut permis de délivrer la France du plus dangereux des conspirateurs.

Le philosophe descendit avec son intrépidité ordinaire , et usant d'une ressource qui lui avait déja si bien réussi, il tenta de ramener par les graces touchantes de ses discours, une multitude qu'il ne croyait qu'abusée ; mais le scélérat qui avait ameuté cette seconde troupe , avait tout prévu ; convaincu que toutes les fois que l'étranger pourrait faire usage de son éloquence , il entraînerait tous les esprits , il avait concerté l'affreux stratagême de le condamner au silence : en effet toutes les fois que le pere d'Éponine ouvrait la bouche pour calmer les flots populaires , un tambour placé derriere lui , sous prétexte d'appeller une milice sans expérience a la discipline , faisait retentir le bois du fracas de son instrument. Le péril était urgent ; déja les piques meurtrieres étaient dirigées contre le philosophe, lorsque tout à coup Éponine et l'officier de Belgrade, s'élancent de la voiture. Éponine, les cheveux en désordre, le feu de l'amour filial dans les regards, se place entre la pique la plus avancée et le corps de son pere, qu'elle tente en vain de couvrir, et un genou en terre, dans l'attitude de suppliante, elle courbe avec effort l'instrument de carnage sur son sein, comme pour indiquer qu'elle offrait de remplacer la victime.

A côté de l'infortuné, se montrait l'officier de Belgrade, l'œil étincelant de couroux , et la main sur la garde de son épée , défiant seul une multitude sans frein , leur traçant une ligne autour du pere d'Éponine , et menaçant d'immoler quiconque aurait l'audace de la franchir.

Dans un coin de ce tableau terrible , on voyait l'escorte du philosophe , rangée en demi-cercle , la bayonnette au bout du fusil , attendant le succès des premieres hostilités pour se décider , et prête également à protéger les assassins de leur prisonnier où leur libérateur.

Mais un crime aussi inexpiable

ne devait pas souiller les annales de la révolution Française : en vain le tambour excité par des insinuations atroces redoublait de fracas, le tableau déchirant que présentait Éponine grouppée aux pieds de son pere, et voulant mourir pour lui, avait une éloquence muette, plus sublime encore que les plus beaux mouvements oratoires de Bossuet et de Démosthène ; tout ce qui n'avait pas abjuré la nature dans cette horde sauvage d'assassins, plaida dans son cœur la cause de la nature, ce qui était la faire gagner au philosophe.

On peut vaincre deux fois des êtres vils, mais on ne les dompte jamais. Le fougueux ami de la révolution outré de ne s'être point souillé d'un double crime et d'en avoir les remords, imagina un autre stratagême, pour ne partager avec personne la gloire de porter la tête du pere d'Éponine, au comité des recherches.

Le jour commençait à tomber, et les soldats d'escorte, afin d'éviter une pluye d'orage, laissaient la route a demi-inondée, pour suivre la lisière du bois. Le scélérat se glisse derriere la voiture pour la briser : il espérait que pendant qu'on s'occuperait à la réparer, le philosophe serait déposé dans le bois, et que là, à la faveur des ténèbres, de l'orage, et surtout de l'insouciance des gardes, il éxécuterait sans danger son crime patriotique. C'était là que l'attendait la justice céleste ; le ressort frappé avec violence se brisa en effet, mais comme la voiture était prodigieusement chargée, l'effort qui fit tomber la caisse rompit aussi l'essieu, et par contre-coup une des roues, sous laquelle l'homme atroce se trouva enseveli.

Éponine et son pere, descendus dans

dans le bois, n'eurent rien de plus
a cœur que de prodiguer les soins
les plus touchants a leur assassin.
Tout son corps fracassé, n'était
qu'une playe ; mais le coup le plus
dangereux qu'il avait reçu venait
de son coutelas , qui au moment
de sa chute lui avait coupé les entrailles : le scélérat ayant repris
ses sens , s'étonna de voir le philosophe étancher le sang de ses
blessures. Le fanatisme de la liberté permet rarement, comme celui de la religion, de mourir hypocrite. Malheureux vieillard , dit
d'une voix étouffée l'homme pervers, connais tu celui que tu écra-
ses de ta sensibilité ? apprens que

Tome V. L

dans le cours de quelques heures, j'ai voulu deux fois te faire assassiner.——

Je le sçavais, répond froidement le philosophe.——

Non tu ne sçais pas tous mes crimes. Tu vois ce coutelas, dont la lame s'est partagée dans mon corps ; eh bien il était destiné dans quelques moments, a faire tomber ta tête.——

Malheureux ! tu n'aurais frappé qu'Éponine.——

Des écrits incendiaires avaient allumé mon sang ; on m'aurait fait boire par vertu celui de l'ennemi de mes opinions ; ma mort, et surtout ta grandeur d'ame, déchirent le voile étendu sur mes yeux ; je reconnais enfin qu'il n'y à de patrie que pour l'homme de paix, et tout égaré que j'ai été par une doctrine de Cannibales, je sens qne le pardon généreux que tu me donnes me sauve en expirant d'affreux blasphêmes.━━

Ce fut là le dernier danger auquel le philosophe fut exposé dans sa route. Les soldats mêmes de son escorte, amollis par son inaltérable douceur, cédant peut-être à l'ascendant invincible des graces

d'Éponine , s'ettonaient quelquefois , en traitant leurs prisonniers d'ennemis de la France , de
s'attendrir sur leurs malheurs.

Éponine rassurée sur le sort
d'un pere , commença de ce moment à rêver sur la bizarrerie du
sien : la captivité du chevalier ,
l'idée déchirante d'avoir pû être
instruite par sa lettre des moyens
de le sauver , vinrent assiéger son
ame par toutes les issues qu'elle
offrait à la sensibilité : quelquefois, au milieu d'un sommeil pénible , elle versait des larmes dont
son innocence aurait rougi a son
réveil ; le sage ne trouva d'autre

moyen d'empêcher sa fille de s'entretenir sans cesse avec son cœur, que de parler avec force à son entendement ; il se mit donc à philosopher avec elle le reste de la route.

Un jour que la fatigue de l'escorte obligea la voiture de s'arrêter dans une plaine riante , dont la robe de verdure avait toute la fraicheur du printems , de jeunes villageoises vinrent, avec toutes les graces de leur age , leur offrir quelques fleurs des champs qui semblaient les prémices de la nature. Éponine, touchée de cette attention de la part d'enfans du

L 3

peuple , dont ni les vêtemens ni les manières n'annonçaient les dons interessés de l'indigence , descendit de voiture avec son pere , et proposa aux villageoises de partager avec elles son diner. Le ciel était pur , les rayons du soleil peu actifs embrâsaient moins la terre , qu'ils ne la vivifiaient. On s'assit au pied d'un tilleul , dont les feuilles du côté du midi commençaient à s'épanouir , et la gaîté de l'innocence , animant tous les convives , on fit un repas délicieux , qui fit oublier quelque tems aux prisonniers, les amis de la révolution, les bourreaux populaires et les comités des recherches.

Les caresses touchantes qu'É-
ponine prodiguait a ses enfans,
l'yvresse innocente de leur joye,
attirerent bientôt autour du tilleul leurs peres et leurs amis ; des
hommes indifférents accoururent
ensuite par curiosité, et au bout
d'une heure, l'héroïne et son pere,
entourés d'une multitude qui les
bénissait, semblaient les dieux
tutélaires du village.

Quand la foule fut dissipée et
qu'Éponine fut remontée en voiture, le voila donc, mon pere,
dit-elle, ce peuple si bon, si généreux, quand il est livré a lui même ! comment s'est il laissé dégra a

L 4

der par des Catilina sans génie, jusqu'a devenir une horde d'assassins ?

On l'a armé ma fille, dit le philosophe, et il est devenu vil et féroce, comme les factieux qui voulaient régner par ses brigandages.

Il ne faut donc jamais, reprit Éponine, armer le peuple, même contre la tyrannie.

Ici le vieillard parut se recueillir quelque tems, pour ne point égarer par une réponse vulgaire la logique naturelle de sa fille ; ensuite se voyant plein de son sujet, il satisfit ainsi sa curiosité.

Le législateur qui croit avoir besoin du peuple pour détrôner des tyrans, est ou stupide ou pervers, et quelquefois il est tous les deux. Le peuple tiré des vertus paisibles, auxquelles il est sagement condamné par son défaut de lumières, forme un ordre social contre nature; aussi sa marche est elle aussi aveugle que son entendement; il ne juge pas ses amis où ses ennemis, il les frappe: il ne régénére pas un état, il y entasse des ruines: il ne combat pas pour affranchir des esclaves

L 5

du joug de leurs maîtres , mais
son soufle , comme celui du vent
empoisonné du désert, met à mort
à la fois les maîtres et les esclaves.

Le peuple partout doit être
heureux : il n'y a que les gouver-
ments pervers qui le tourmentent
ou l'avilissent , et dans tout état
où la philosophie n'est pas im-
puissante , il faut que cette classe, sans la quelle les autres ne sont
rien , soit protégée par les hommes qui éclairent leur pays , si elle
est abandonnée par ceux qui le
gouvernent.

C'est surtout en France , que

le peuple tourmenté par le triple fléau des intendants, des chasses seigneuriales et des gabelles, devait appeller par ses vœux les regards bienfaisants des régénérateurs : au reste du moment que toutes ces tyrannies étaient déjà truites, son age d'or commençait, et la patrie qui avait fait serment de le rendre heureux, avait acquitté sa dette.

Mais mettre au timon du gouvernement, les bras indociles qui ne doivent faire usage de leur vigueur que pour la manœuvre, transformer en force publique, des hommes que partout la force publique doit surveiller , armer pendant le sommeil des loix une multitude sans frein , contre qui les loix ont été faites, c'est le dernier période de l'impéritie de la part des législateurs.

La France sera peut-être un siècle entier à expier le délit politique d'avoir armé le peuple soit des villes , soit des campagnes , pour soutenir la cause sublime de sa révolution. Le fer qu'on a eu la maladresse de lui apprendre a manier , ne sortira pas impunément de ses mains indociles ; il luttera plus d'une fois avec sa force aveugle contre la force raisonnée des loix : plus d'une fois en protégeant le culte de la patrie , il mutilera l'autel , et immolera ses adorateurs.

Des hommes d'état , nés d'hier, ont prétendu que , sans une succession d'émeutes populaires qu'ils dirigeaient, la France n'aurait jamais été régénérée ; c'est calomnier à la fois le trône , les citoyens et la révolution.

Le trône a plié, et est devenu à jamais soumis au souverain , depuis le jour, ou une intrigue ministérielle ayant appellé une armée pour effrayer la Capitale , cette armée a désobéi·

A l'époque où les Bastilles tombèrent , et où deux cents mille épées escortaient le Monarque qui venait s'humilier devant ses sujets , tout Français éclairé devint citoyen.

Du moment que les états généraux, constitués de leur authorité privée en assemblée nationale , ont été reconnus sous ce titre , par l'ancien représentant du souverain , la révolution a été faite , et la France a eu le droit de se régénérer.

Jusques là je ne vois que l'effet des lumières : ce sont elles qui en offrant le simple simulacre de la force publique, rétablirent avec toutes ses clauses l'ancien pacte soeial entre un Roi et ses peuples, pacte , sans lequel il n'y à point de monarchie.

Tout ce qui a été ajouté à cette premiere explosion , n'a fait que gâter la cause de la philosophie , et créer des ennemis éternels à la révolution.

Le peuple déchaîné dans Paris, le jour de la chute de la Bastille , en assassinant avec la froide barbarie des Cannibales , les Launay, les Foulon , les Berthier et les Flesselles. a banni d'une Capitale qu'ils faisaient vivre , les princes du sang , l'élite des hommes de guerre et les chefs de la noblesse.

Le peuple déchaîné dans Versailles, le cinq octobre, dans la vue d'assurer la sanction d'un Roi captif, à la constitution d'un peuple libre , a couvert d'opprobre la France, qui doute encore si elle punira le crime épouventable de la nuit des régicides.

Le peuple déchaîné dans les

provinces , en embrâsant au nom de la Patrie les héritages de ceux qu'on n'a pas eu l'art de rendre citoyens , en massacrant avec une barbarie raffinée des chefs de famille , qui combattaient pour la défense de leurs foyers , en mangeant des cadavres mutilés avec la joye des antropophages , ce peuple , dis-je, a appris au cultivateur paisible , a trembler au mot si doux de Patrie , et à l'homme qui n'a pas secoué tous les préjugés , a blasphêmer le nom de philosophe.

En un mot l'idée infernale qu'on ne pouvait régénérer la

France sans armer le peuple , a produit plus de maux que le système de la liberté n'en vou'ait anéantir ; elle a aliéné tous les esprits que les lumières commençaient à concilier ; elle a retardé peut-être d'un siècle , l'amélioration de l'espèce humaine, que promettait l'insurrection de Paris contre toutes les espèces de tyrannie.

J'avais besoin , mon pere, dit Éponine , que vous fixassiez ainsi mes idées sur la nature des mouvemens populaires , et sur leur prétendue légitimité. Nous allons entrer dans Paris, le foyer tou-

jours renaissant de ces émeutes ;
il m'importe infiniment de distin-
guer la majesté du peuple français,
destiné à la longue à subjuguer
toutes les opinions et tous les pouvoirs, de ce vil assemblage d'êtres
sans existence civile, sans patrie
et sans lumières, que des Clodius
et des Catilina, honorent aussi du
nom de peuple, pour jetter un
voile imposant sur la marche tor-
tueuse de leur politique, sur
leurs moyens d'assouvir des ven-
geances personnelles, et sur leurs
délits de lèze-humanité.

J'ai parcouru, parmi les annales
de la révolution Française, en-

voyées à la cour de Vienne, des écrits auxquels l'audace tient lieu de génie, des libelles dont les auteurs s'intitulent AMIS DU PEUPLE ou ORATEURS DU PEUPLE ; je vois maintenant comment des hommes de sang, peuvent ravaler ces noms respectés jusqu'à les mettre sur les drapeaux de la rébellion ; le délire de ces ouvrages incendiaires, me fait voir dans l'orateur du peuple, le Démosthène de la Ligue et dans l'ami du peuple, l'ami des bourreaux.

Si je tenais un rang parmi les sages qui ont revivifié la France, je regarderais comme un homme

suspect, tout citoyen qui m'op-
poserait le peuple, quand il s'agit
de la loy : je dénoncerais comme
criminels de lèze-nation, les scélérats puissants qui menaceraient
de me traduire devant le peuple,
quand je propose de déployer la
force publique pour réprimer ses
brigandages.

Ainsi s'exprimaient sur le peuple, les deux êtres les plus populaires, que la nature bienfaisante
eût formés dans son sein. Leur
raison supérieure parlait plus haut
que cette faiblesse de sensibilité,
qui est un crime dans les hommes
d'état : ils sentaient qu'il vaut

mieux servir le peuple , que de le flatter lachement , le protéger dans sa vertueuse obscurité , que de le livrer tout armé à des Tribuns factieux qui ne sçauront que l'instruire aux homicides.

Mais ma philosophie s'égare , dans des raisonnements indiscrets ; pendant que je parle, mes héros sont déja aux portes de Paris : déja un peuple effrené s'amoncèle autour de leur voiture a demi fracassée , et les agents de la force publique ne sçavent les dérober à l'assassinat , qu'en promettant aux tigres qui attendent leur victimes , de les leur mon-

trer expirantes sur un échaffaut.

C'est sous ces auspices siuistres,
que Platon, Éponine et l'officier
de Belgrade, sont traînés par des
satellites odieux, au tribunal plus
odieux encore, du comité des
recherches.

Il parait d'abord difficile de
comprendre, par quel renverse-
ment de toute morale et de toute
politique, quelques bourgeois de
Paris, inconnus à leur propres
concitoyens, sans l'aveu du prince, sans l'authorisation expresse
des représentants de la France,

exerçaient une espèce de droit de
vie et de mort, sur des infortunés ;
dont l'unique délit était de déplai-
re au peuple ; et cette considération m'oblige à remonter à l'o-
rigine des comités des recherches.

A la premiere époque de l'insurrection , le 23 juillet 1789 ,
l'assemblée nationale ne se
croyant pas assés forte de l'appui
des lumières , pour abbattre le
despotisme ministériel, qui , comme un tonnerre mal éteint, grondait encore dans l'éloignement ,
imagina de faire marcher de front
la raison et le machiavélisme ; en
conséquence , elle déclara solem-
nellement

nellement que la poursuite des crimes de lèze-nation lui apparte-nait ; et elle institua un comité de douze de ses membres pour rechercher dans toute l'étendue de la France , les hommes sus-pects d'avoir conjuré contre la constitution , avant que l'état eût une constitution.

Il était bien évident que faire rechercher des crimes de lèze-nation , avant de les définir, était une atrocité ridicule ; aussi le comité des douze, entouré a sa naissance de l'indignation publi-que , se borna long-tems à ef-frayer les conspirateurs, sans les

punir. Mais Paris, yvre du succès apparent de ses premiers assassinats, fut plus conséquent. Le
conseil de ville établit dans son
sein un tribunal d'inquisiteurs
d'état, sur le modéle du comité
des douze, et l'investit d'un
grand pouvoir, á condition qu'il
étoufferait dans leur germe toutes les conjurations nées et à naître, contre le système républi-
cain, qui commençait à s'intro-
duire au sein de la monarchie.

Faire craindre à un peuple in-
quiet des conjurations, c'est les
lui montrer toutes faites ; aussi
observa-t-on que jamais il n'y eût

plus de complots , je ne dis pas tramés , mais annoncés , contre le nouvel ordre de choses , que depuis que l'impéritie des législateurs en statua la recherche; ils renaissaient comme le polype , sous le couteau qui les mutile ; si une philosophie courageuse n'avait pas fait luire de tems en tems sa lumière autour de ces phantômes, on aurait fini par changer en prisons tous les édifices publics de la Capitale , ou par transformer toutes ses places en autodafés.

Le comité des recherches de Paris , répondit a l'attente des politiques inèptes, qui l'avaient créé;

il accueillit les délations les plus absurdes, il jugea coupable tout ce qui était suspect; il dévoua l'erreur ou la démence à l'échaffaut.

Par un rafinement de cruauté, inconnu même aux inquisiteurs sacrés de Conimbre ou de Goa, quelques uns de ses membres, écrivirent contre les infortunés, dont l'absence de tout ordre social avait fait leurs victimes; ils tenterent d'imprimer sur leur front, le sceau des destructeurs de la Patrie, avant que la Patrie eût décidé si elle avait été en danger.

Heureusement le châtelet, juge

en dernier ressort, des délits de lèze-nation, montra plus de courage, que le tribunal des recherches ne déployait de férocité. Presque tous les perturbateurs que le comité lui dénonça, furent trouvés innocents ; des jugements solemnels les rendirent à la Patrie, qui n'avait point à s'en plaindre, et l'opprobre que la loi ou l'opinion ne doivent imprimer que sur les coupables, alla flétrir le front des accusateurs.

Le pere d'Éponine était instruit de tous ces faits, et sa raison profonde les avait déja jugés, quand il comparut devant le co-

M 3

mité des recherches, pour y subir son interrogatoire.

Malheureux vieillard, dit le président, on a saisi des lettres suspectes à votre adresse, où dont vous étiez le dépositaire : vous avez été arrêté, sur la clameur publique, aux frontières ; le peuple demande votre tête... qui étes vous ?——

Des lettres étrangères, répond le philosophe, ne forment point un délit contre un homme libre. Partout où il y a des loix, un peuple qui demande des têtes, doit être reprimé ; j'ajouterai qu'ici ou toutes les tyrannies ont du disparaître, personne n'a le droit de m'interroger . . . qui êtes vous? —

J'excuse cette fierté en faveur de vos malheurs, et je veux bien descendre a vous répondre. Ce comité que je préside , a été institué pour prévenir les crimes de lèze-liberté , pour en rechercher les auteurs , et pour les livrer au tribunal qui doit ordonner leur supplice, —

Sans doute ce droit terrible de recherches , qui compromet l'indépendance de tous les citoyens de l'état, émane du trône.——

Depuis long-tems le trône est en tutelle.——

Ce pouvoir du moins vous a été délégué, par les représentants actuels du souverain, par le corps qui a concentré en lui tous les pouvoirs, par l'assemblée nationale.——

Non. L'assemblée nationale a son comité des recherches, qui se contente d'effrayer les conspirateurs, et la Capitale de l'empire Français a le sien, qui se charge de les punir.——

Ainsi la Capitale de l'empire Français , s'en attribue la souveraineté. ━

Elle supplée , dans un moment d'orage , au silence des loix . C'est cette nouvelle Lacédémone , qui nous a fait don de la liberté ; tout lui enjoint de veiller à la conservation de son ouvrage. ━

Je conçois comment dans un état corrompu qui se revivifie , les régénérateurs, ne sçachant pas reprimer la tyrannie avec les lumières , la repriment avec des comités de recherches et des bayonnettes ; mais du moins j'aime à croire que pour affaiblir ici une des grandes infractions du pacte social, tout aura été mis en usage par les restaurateurs de la Patrie. Quand Rome, dans les grands dangers de la république, se déterminait a faire taire un moment les loix, pour élire un dictateur, le nom seul du grand homme qu'elle nommait, suffisait pour justifier son audace. Paris n'aura pas rougi d'être en tout la rivale de Rome : sans doute qu'elle aura sauvé l'opprobre d'un tribunal d'inquisition, par le grand nom des inquisiteurs : tout me dit que si des guerriers siégent dans ce comité, ce sont des Catinat où des

Bayard, que si un chancelier de France le préside, il fait revivre L'hopital, que si des hommes de lettres l'entourent de leurs lumières, ils ont fait le contract social où l'esprit des loix.—

Je crois, vieillard présomptueux, que tu nous méprises.—

Je ne vous méprise pas, mais je vous juge.—

Cet étrange interrogatoire, où l'accusé seul semblait assis sur le tribunal, et où les juges étaient sur la sellette, ne fut pas prolongé plus long-tems ; le comité, qui et le couroux ; il ressemblait à un des vieux sénateurs de la Rome des Fabius et des Camille, devant les soldats de Brennus. Le tribunal se réduisit alors à demander son nom. Ce nom, dit Éponine, est un secret ; l'Empereur ne l'a appris qu'en mourant, et vous ne le sçaurez pas.

Le comité ne douta plus qu'un pareil accusé ne fut atteint du crime de haute trahison : il le fit conduire au Châtelet, et un des membres promit d'instruire le public, en écrivant un volume contre la fierté d'Éponine et le silence du philosophe.

FIN DU CINQUIÈME VOLUME

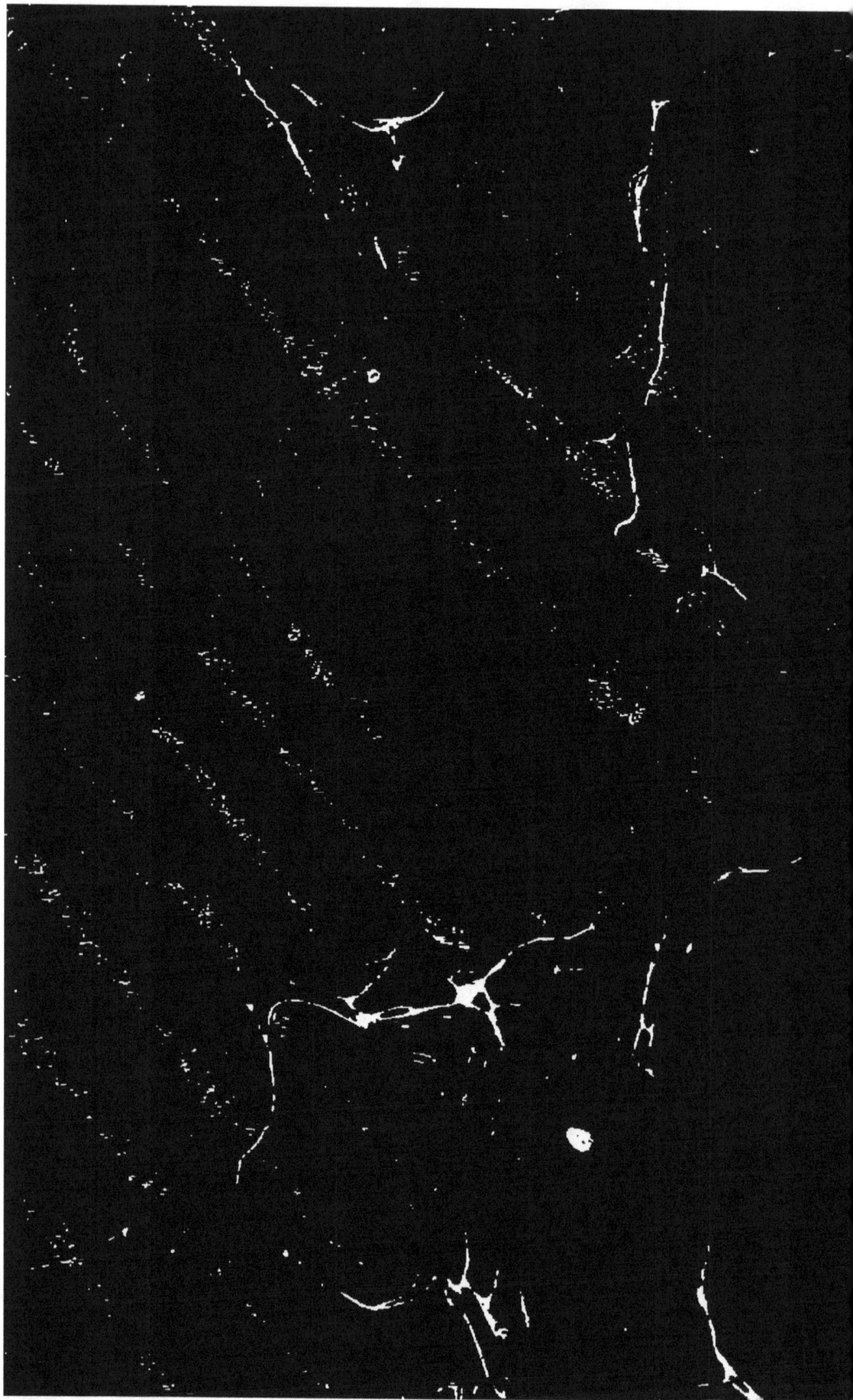

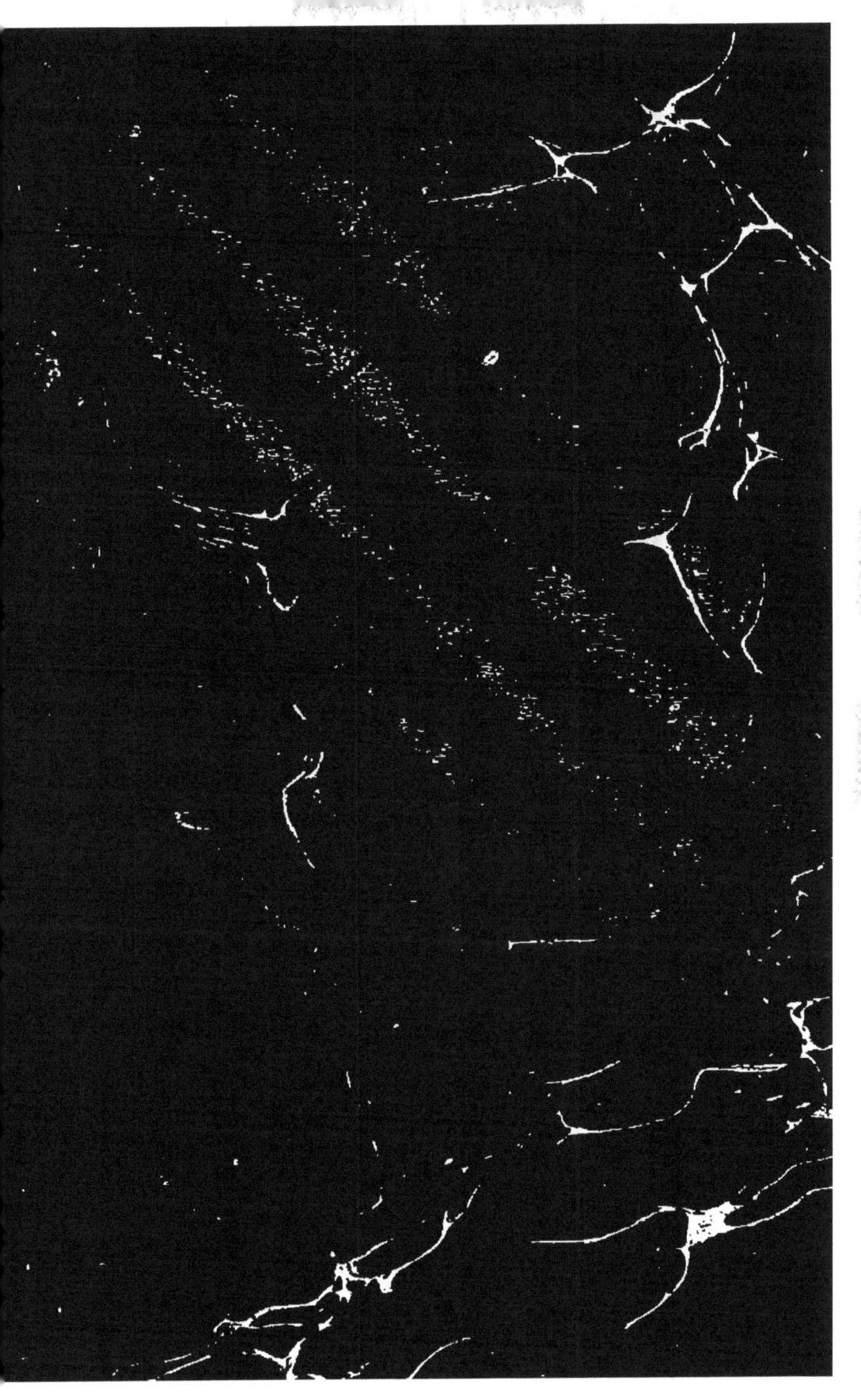

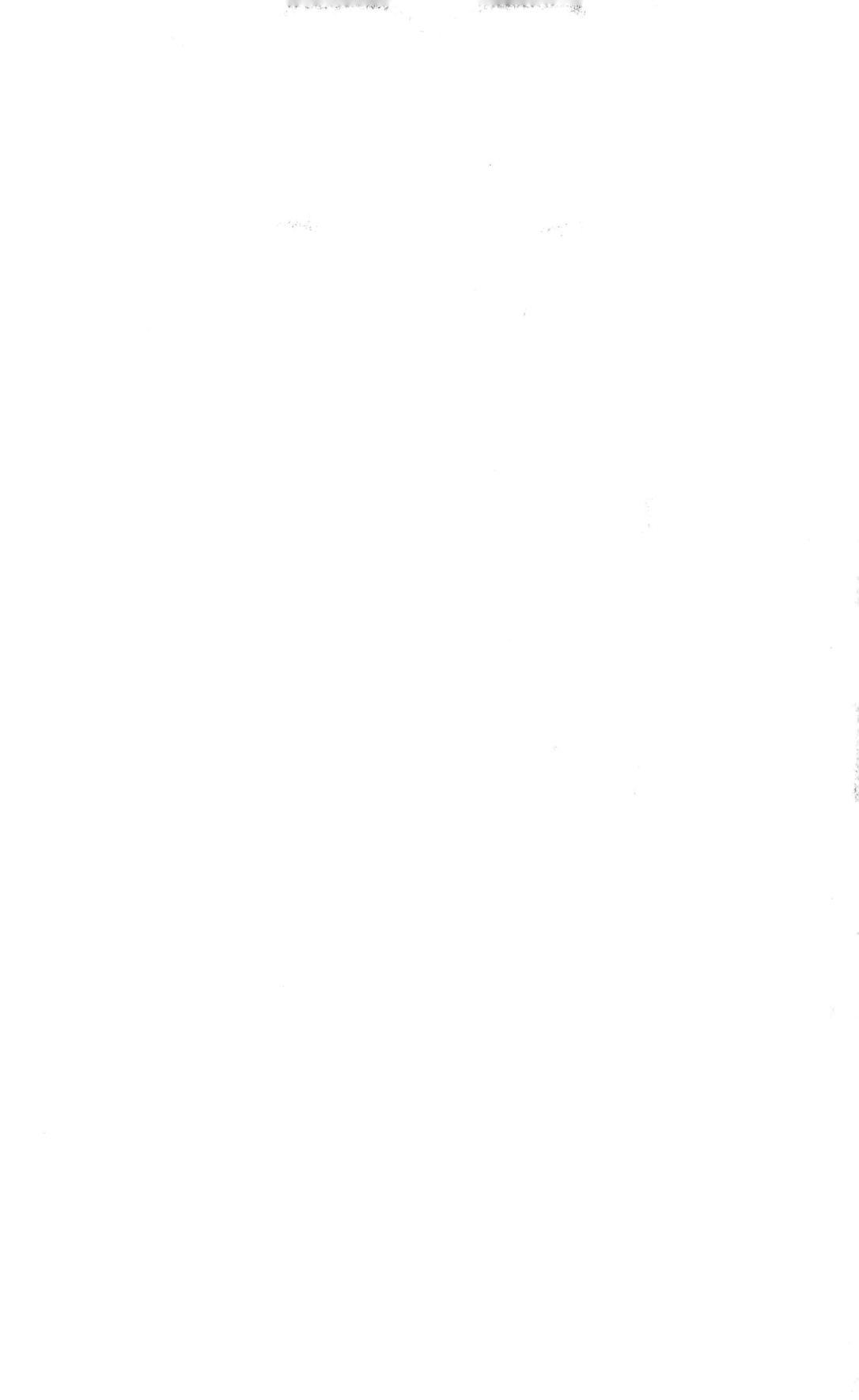

www.ingramcontent.com/pod-product-compliance
Lightning Source LLC
Chambersburg PA
CBHW061016280326

41935CB00009B/983